Jürgen Meyer

Panhas am Schwenkmast

Jürgen Meyer

Panhas am Schwenkmast

Eine Kindheit im Ruhrgebiet

Ähnlichkeiten mit noch lebenden Personen
sind rein zufällig. Das gilt auch für die Namen.
Nur die Namen der Fußballer sind echt

Allet nette Leute bei uns inne Straße

Ich bin wieder „bei uns inne Straße" gewesen. Nach langer Zeit. Es hat sich nicht viel verändert dort in mehr als 40 Jahren, als ich selbst noch Kind war.

Die Häuser aus der Gründerzeit mit den teilweise sehr schönen Stuckfassaden sind nicht mehr so schwarz von Ruß. Viele haben einen frischen farbigen Anstrich bekommen. Die beiden Platanen sind noch ein paar Meter höher hinausgewachsen über die Dächer. Die Trinkhalle hat eine Leuchtreklame von einer Brauerei.

Was heute ganz anders ist: Die vielen parkenden Autos versperren den Kindern den Raum zum spielen. Trotzdem waren Jungs zwischen den Wagen „am pöhlen", einige darunter mit dem Kurzhaarschnitt der Türken. Mehrere Mädchen spielten abseits auch Ball, zwei von ihnen trugen Kopftücher.

In der Sprache unterschieden sie sich nicht. Sie sagten: „Bor, eh!" Oder: „Gimma ab, Musta, olle Fummelfott!" Oder einfach: „Scheiße!"

Kinder leben sich leicht ein. So war es auch in meiner Kindheit, als die „Polacken" unsere Straße bevölkerten. So wurden alle jene geringschätzig genannt, die zugereist waren, ob sie nun aus Oberschlesien, Westpreußen oder Ostpreußen stammten.

Polacken – das war der Oberbegriff für die, die anders sprachen. Präziser wurden sie auch als Krakusen, Krakowiaks und Paselacken beschimpft. Sie hatten ihr Leben lang Probleme mit „schwerem, deutschem Sprache." Ihre Kinder oder gar schon Enkelkinder aber sprachen genauso „deutsch" wie wir „aussen Pott."

Die Alten von damals sind lange tot. Mit ihnen starb ein unwiederbringliches Stück Ruhrgebiet. Ihre Kinder wurden geschluckt von dem völkerverbindenden Mischmasch an der Ruhr, das letztlich alle gleichmachte.

Die Alis, Mehmeds, Mustafas werden eines Tages so deutsch sein wie die „Polacken" von damals, die mit ihren Festen und Farben, mit Sitten und Speisen, mit Gewürzen und Gerüchen zu meiner Kindheit gehörten.

„Rot und blau, Polackenfrau!" höhnten wir damals verächtlich. „Kümmeltürke" oder „Kanacker" sind noch die harmlosesten Schimpfnamen, die man sich heute für die ausländischen Mitbürger einfallen läßt. Es wird sich geben mit den Jahren. Zeit macht gleich.

Doch Zeit tötet auch Erinnerung. Deshalb schreibe ich das Folgende auf. Geschichten aus meiner Kindheit, Geschichten aus einer schlechten Zeit. Als der Krieg zu Ende war, als alle Kohldampf schoben. Als gekungelt, geschachert, gehamstert und auch geklaut wurde. Als jeder nur über die Runden kommen wollte.

Es sind Geschichten von Menschen mit all ihren Schwächen, aber auch mit ihren liebenswerten Seiten. Denn eigentlich „warn et doch allet nette Leute bei uns inne Straße."

Fettaugen und Kälberzähne

Ich drehe die Zeit zurück. Spätsommer 1945, ein Nachmittag in unserer Straße. Eine Frau hat ein Sofakissen ins Fenster gelegt, stemmt ihre Ellbogen in die Polster und tratscht mit allen, die vorübergehen. Zwei kleine Mädchen sitzen auf einer Haustreppe. Sie hänseln Pannemann-Paul, einen behinderten 40jährigen mit dem Gemüt eines Kindes. Ein paar Jungs spielen mit einem Stoffball, Kellerlöcher sind die Tore.

Eine friedliche Stimmung – es ist ja endlich Frieden. Vom gerade beendeten Krieg ist „inne Straße" fast nichts mehr zu spüren. Wir haben hier wenig abbekommen. Nur etwas weiter runter wurde ein Haus durch eine Brandbombe getroffen. Das Obergeschoß besteht nur noch aus Mauern mit Löchern von Fenstern und dem Himmel als Dach. Ein paar Fenster in anderen Häusern sind noch mit Pappdeckel abgedichtet, Scheiben sind ja nicht zu bekommen. Aber sonst: Alles in Butter!

Doch wer mal genau hinhört beim Plausch der Frauen – da gibt es nur ein Thema. „Hasse ja nix für innen Henkelmann. Wat sollsse den Ollen bloß mit auffe Schicht geben!"

Nix für innen Henkelmann? Nicht mal einen drögen Kanten Brot gibt es. Alle schieben Kohldampf, alle haben Schmacht.

Die Straße runter bei Krammacher – eine lange Schlange. Die Leute warten fast stoisch darauf, daß der Bäcker aufmacht. Vielleicht fällt ja heute mal ein gelbes Maisbrot ab.

Bei uns ist auch zu. Die Rolladen sind runter. Meine Mutter ist mit unserem P4 auf „Einkaufstour."

Bei uns? Sechs Jahre schmiß Mutter den Laden allein. Doch oft war sie nahe daran, in unserer Metzgerei alles hinzuschmeißen. Wie sollte sie ein Geschäft führen, wenn man nichts zu verkaufen hatte? Die Zuteilungen waren etwas für den hohlen Zahn, und wer etwas schwarz ergatterte, war nie sicher, ob es nicht gleich wieder beschlagnahmt wurde.

Zu holen gab es nur etwas über Land. In Lippe-Detmold zum Beispiel. Das war weit, das war ganz schwer zu erreichen über die zerbombten Straßen des Ruhrgebiets. Doch bei den Lippschken Fürsten gab es nicht den Notstand wie bei uns.

Lippschke Fürsten nannte meine Mutter unsere Verwandten im Umkreis von Horn/Bad Meinberg. Zwei Brüder, einige Cousins und Cousinen ihres im 1. Weltkrieg gefallenen Vaters nebst Kindern und Kindeskindern. Ins Lipperland hatte Mutter auch mich während der letzten Monate des Krieges geschafft, als die Alliierten-Bomber im Ruhrpott alles plattmachten.

Unsere Lipperländer waren Selbstversorger, sie hatten immer ein Schwein im Stall. Und für Ami-Waren von den Schwarzmärkten des Reviers trennten sie sich sogar von einer Schweinehälfte.

Als junges Mädchen hatte meine Mutter ihre Lehre

in einer jüdischen Metzgerei gemacht. Seitdem huldigte sie dem Leitsatz: „Wer gut schmiert, der gut fährt!“ Andere Spruchweisheiten hatte sie auch immer parat. Sprüche auf Kacheln hingen überall bei uns in der Wohnung rum, zum Beispiel „Eine Hand wäscht die andere.“ Wer handelte damals nicht danach, obwohl es ja nicht mal Seife zum Waschen gab.

Mutter fuhr und „schmierte“ meist durchs Münsterland. Ihr selbstverfaßter Reim für Bauernfahrten in den Norden des Reviers hat sich mir eingeprägt, obwohl ich mit den Ortsnamen damals überhaupt nichts anzufangen wußte: „Holn wir Speck aus Billerbeck, holn wir Schweine aus Rheine.“

Nur: Die Kontrollen an den Stadtgrenzen wurden immer schärfer. Man schmierte ja nicht nur, man wurde auch angeschmiert bei den Behörden. Zweimal kam sie mit leerem Wagen wieder. Kungelware weg, Fleisch weg und ein Bußgeld noch obendrein – da heulte sie vor Wut. Doch dann stapfte die kleine, untersetzte Frau energisch mit dem Fuß auf und erzählte gleich einen ihrer gleichnishaften jiddischen Witze, von denen sie voll war und die voll waren von Massel und Dalles, von Schnorren und Reibach. Unverdrossen machte sie sich ein paar Tage später wieder auf den Weg. Sie brauchte einfach die Herausforderung, sie brauchte auch etwas Nervenkitzel.

Den gab's bei uns zu Hause immer reichlich. Ganz besonders, wenn die Veterinäre und Trichinen-Beschauer vom städtischen Schlachthof unterwegs waren. Weiß der Himmel, woher sie dann immer den Wink bekam, wen sie dafür wieder geschmiert hatte? Doch wenn eine Razzia angesagt war, war bei uns der Teufel los. Dann war Panhas am Schwenkmast!

Alles was Beine hatte schleppte Stücke vom Schwein, Kotelettreihen, Speckseiten und Flomen über den Hof. Raus aus dem Kühlhaus, rein in den Hauskeller! Das Versteck? Der ehemalige Luftschutzgang zwischen unserem Keller und dem des Nachbarhauses, der im Krieg als Fluchtweg gedacht war für den Fall eines Bombentreffers. Ein gutes Versteck!

Die Kontrolleure fanden immer ein leeres Kühlhaus vor. Das Fleisch war weg, die Blutflecken von den Fliesen geputzt. Trotzdem witterten sie Unrat. Sie zogen die Nasen ganz voll, dann zogen sie die Nasen kraus. Da hing ja noch der Geruch von rohem Fleisch in der Luft! Sie suchten in allen Räumen, inspizierten auch die Keller. Doch da rochen sie nichts mehr. Der Luftschutzgang war hinter einer luftdicht abgeschlossenen Brandtür, die wiederum befand sich in Omas Keller hinter großen Steingut-Töpfen, in denen Großmama Kappes einlegte. Und Sauerkraut-Lake überdeckt nun mal jeden anderen Geruch.

Doch die meiste Zeit mußten wir erst gar nichts verstecken, weil es reinewegs nichts zu verstecken gab. Auch ohne Besuch der Kontrolleure war unser Kühlhaus wie leergefegt.

Da tat Mutter eines Tages eine Quelle auf – im wahrsten Sinne des Wortes. Zu beißen gab es dadurch zwar nichts, aber ein paar Fettaugen auf einer Brühe waren für die hungrigen Menschen ja auch wie Gold.

Der harte Winter 1946/47. Versorgungskrise überall. Meine Mutter versorgte unsere Kunden trotzdem, und noch viele andere mehr. Die standen die ganze Straße runter bis fast zum Markt Schlange, mit Kochtöpfen und Milchkannen.

Mutter hatte einen privaten Schlachthof entdeckt, der im Auftrag der Tommies für die Kasernen schlachtete. Fleisch bekam sie da zwar nicht, aber überflüssige Knochen, die dann im großen Wurstkessel ausgekocht wurden. Eine Kanne Brühe brachte die Leute manchmal über eine ganze Hungerwoche. Sie schmissen Graupen rein, die quollen schön auf, machten satt. Kälberzähne nannten wir das ärmliche Gericht.

Mutter hat später oft und gerne davon erzählt. „Reibach konnte man ja mit den Wassersuppen nicht gerade machen. Aber die ganze Aktion war unglaublich. Nicht zu fassen, wieviele Menschen bei uns Schlange standen."

Anerkennung gab's danach von allen Seiten. Die war Mutter wichtiger als Profit. Denn sie war eine Frau, die sich ständig selbst bestätigen mußte und Bestätigung brauchte. Deshalb kokettierte sie auch gerne mit ihrer Tüchtigkeit.

Tüchtig war sie — wie ja fast alle Frauen in der Zeit ohne Männer. Mein Vater hatte es da ganz schwer nach seiner Rückkehr aus der Gefangenschaft, aus ihrem Schatten zu treten. Sie hatte den guten Namen „inne Straße", sie hatte unser Geschäft gemacht.

Wir galten wat. Wir warn wat. Wir hatten ja wat.

Und wenn es nur ein Pott Brühe war mit ein paar Fettaugen drauf!

Die Pärle

Perle – bei uns in der Straße war damit immer ein junges Mädchen gemeint, das mit einem Jungen ging. „Der hat ne neue Pärle,“ hieß es dann. Perle als Qualitätsbezeichnung für ein Hausmädchen hörte man seltener. Familien, die sich Angestellte leisten konnten, waren bei uns in der Gegend auch ziemlich rar.

Wir hatten so eine Perle. Unsere Frieda oder besser unser Friedchen war im Krieg als Pflichtjahrmädchen zu uns gekommen und dann weit länger geblieben, als sie ursprünglich bleiben mußte.

Friedchen mit der Kodderschnauze – sie hat bei uns quasi alles gemacht. In der Wurstküche, im Haushalt, manchmal auch im Laden. Selbst einen großen Teil meiner Erziehung hatte sie übernommen. Ich bin bei ihr durch eine harte Schule gegangen.

Als mein Vater im Krieg war, war Friedchen unser Mann im Haus. Sie malochte wie ein Kerl, sie konnte alles, sie reparierte alles. War in der Wurstküche eine Maschine kaputt, fluchte sie wie ein Fuhrmann: „Treibriemen gerissen, allet im Aasch!“ Wenn ein Messer stumpf war, schimpfte sie: „Verdammten Zachel – gimman Stahl." Sie wetzte Messer wie ein Kopfschlächter. Besonders gerne, wenn sie einen Hahn oder ein Huhn schlachten konnte. „Schnapp ich mich den Flattermann und Rübe ab." Dabei war es ihr egal, wenn sie rein zufällig Mutters beste Legehenne erledigte.

Im Krieg hatte sie bei uns ihre große Zeit. Kein Wunder, daß sie später noch oft sagte: „Nur wir Weiber – im Kriech waret allet viel schöner."

Das änderte sich, als mein Vater aus der Gefangenschaft heimkehrte. Da war wieder ein Mann im Haus. Doch mein Vater hat nie so richtig für Friedchen gezählt. Meine Mutter war und blieb der Chef.

Ich erinnere mich in allen Einzelheiten an den Abend, als mein Vater aus der Gefangenschaft nach Hause kam. Gerade hatten sie den Laden zugemacht, ich saß frisch gebadet auf dem Sofa in der Küche. Vor mir auf dem Tisch das Blech mit frischem Streuselkuchen, Tradition bei uns in der Familie jeden Samstag. Plötzlich ein Schrei von Friedchen durch den Flur: „Da steht sonn Gespenst inne Wolldecke vorn Laden und linst durche Rollade. Chefin, der sieht aus wie ihrn Ollen."

Er war es tatsächlich. Von Stund an wurde unsere Perle noch mürrischer. Beim Wursten wurde sie jetzt nicht mehr gebraucht, und im Laden nur im äußersten Notfall, weil sie zu oft die Kundschaft anblaffte. Wenn ihr eine Kundin nicht paßte, dann drehte sie sich um und zischte: „Olle Trulla – die kann ich nich verknusen." War's ein Mann, fiel ihr Spruch oft so aus: „Den dösigen Freier – wat bildet die Knackwurst sich denn aintlich ein."

Ihr Repertoire an Ausdrücken war unerschöpflich. Die für die Männer kamen meist aus dem Wortschatz des Metzgers, die für Frauen aus dem Tierreich. Kleine Sammlung gefällig? Piesepampel, Drietsack, Drögen Pimmel, Saftsack, Lufttrocknen. Kuh war ihr Lieblingswort für Kundinnen, mit Zusätzen von dummer Kuh bis Plumskuh. Aber auch Zimtzicke,

Pißnelke, Hacke und Heigeige kamen ihr blitzschnell über die Lippen. Kein Wunder, daß meine Mutter sie nur zu gerne aus dem Laden fernhielt.

Doch auch in der Familie bekamen alle was ab. Vor allem ich.

„Anständich kämmen – sons schneit ich dich Glatze."

„Machen Stall zu – et zieht!"

„Knochen runner vonnet Soffa. Wofür habbich dat grade frisch gekloppt."

„Aufessen! Immer läßte Otzen auffen Teller."

Diebisches Vergnügen hatte sie an Lebertran, den sie mir mit Wonne reinlöffelte. „Augen zu, Nase zu, Mund auf. Lebertran muß sein. Krisse anständich Muckis von."

Ganz besonders sauer war Friedchen, wenn einer über ihren frisch gewischten Fliesenboden lief. Jeder handelte sich dann einen Anschnauzer ein. „Keiner wischt siche Mauken ab. Puckelsse dich ab und wat is? Fünf Minuten später hat die ganze Blase allet widder versaut."

Auch unsere Schäferhündin kriegte ihr Fett. „Scheiß Kroer. Allet kanner. Aber wie er sich Pfoten abwischt, dat bringt ihn hier keiner bei." Oft genug nahm Asta jaulend reißaus, wenn sie eins mit dem Aufnehmer oder dem Schrubber übergezogen bekam.

Und was war mit Männern? Friedchen hatte zwar eine etwas verbaute, kräftige Figur. Aber so schlecht sah sie eigentlich auch nicht aus! Doch zu Männern hatte sie irgendwie ein gestörtes Verhältnis. Nicht nur zu meinem Vater.

Das mußte wohl an ihrem Elternhaus liegen. Waren es die drei Brüder, gegen die sie sich behaupten mußte? Oder vielleicht ihr Vater? Der hatte bei ihr nichts zu lachen. „Unser Vatter hattet ant Härz. Aber saufen kanner wien Nilpferd. Wat sarich? Wien Wal!"

Friedchens Vater war ehemaliger Püttmann, einer aus der Heerschar der Rentner mit den schwarzen Lungen. Da hatte er ganz viel Freizeit, die er meist in

Kneipen verbrachte. Oder an der Trinkhalle.

Ganz so herzlos war sie dann auch wieder nicht. Manchmal kam sie und sagte: „Chefin, kann ichen klein' Vorschuss haam? Sonn bisken Schickermoos für unsern Ollen."

Sie selbst hielt von Alkohol überhaupt nichts. „En Täsken Bohnenkaffee is dat einzich Wahre."

Qualität muß sein. Daher kam auch ihr Lieblingswort für alles, was nichts taugte: „Muckefuck!"

Das sagte sie auch, wenn es um mögliche Freier ging. „Muckefuck – sind doch allet Lauschepper. Erzähln dirn schönen Schmus und wat krisse? En Schickermann. Kannze mich vonne Pelle bleim mitti ganze Blase. Die wollen immer nur saufen und dat eine. Da bleib ich doch gleich hier auffe Stelle."

Sie blieb, bis sie doch noch einen Mann kennenlernte. „Wat Solidet – Witwer!" erzählte sie stolz, als sie kündigte.

Ich habe den armen Kerl nicht unbedingt beneidet.

Die beste aller Währungen

Eigentlich hätte ich ihr immer dankbar sein müssen. Denn Frau Geschwindt hatte verhindert, daß sie meinen Schäferhund erschossen. Es war kurz vor der Kapitulation, die Alliierten hatten im Ruhrkessel fast schon alles im Griff, suchten nur noch nach Verstecken versprengter deutscher Soldaten.

An jenem Abend wollten die Tommies vom Nachbar-Grundstück über die Mauer auf unseren Hof. Doch da lief unsere Schäferhündin Asta frei rum. Sie bellte wie verrückt, ging wie wild an der Mauer hoch. Keine Chance, unbeschadet rüberzuklettern.

Die Geschwindt bekam alles von nebenan mit. Sie sah auch, wie einer auf den Hund anlegte und schrie: „Don't shoot!" Sie sprach mit den Soldaten. Die zogen sich von der Mauer zurück. Kurz darauf kamen sie ganz normal durchs Treppenhaus auf den Hof, wo sie alles ergebnislos durchsuchten, nachdem meine Mutter Asta in den Zwinger gesperrt hatte.

Frau Geschwindt stammte nicht aus unserer Gegend, sie sprach irgendwie süddeutsch. Sie sprach vor allem gut englisch. Was sage ich: Sie sprach unschätzbar gut englisch.

Um das Sprichwort abzuwandeln: Schweigen war zur Zeit der Entnazifizierung Silber. Doch englisch reden war zu Schwarzmarkt-Zeiten Gold.

Ich mochte die Geschwindt nicht sonderlich, die einmal in der Woche bei uns reinrauschte. Mit ihrem fein ondulierten Blondhaar und in adretten Kunstseiden-Kleidern sah sie immer wie aus dem Ei gepellt aus. Ich nannte sie „die Raschelnde".

Bei Friedchen wäre es schon ein Wunder gewesen, wenn sie ausgerechnet die Geschwindt sympathisch gefunden hätte. „Die olle aufgetakelte Fregatte is beie Mamma drin," sagte sie, wenn die beiden ihre Geschäfte hinter verschlossener Wohnzimmertür erledigten.

Es waren heiße Geschäfte durch den heißen Draht der Geschwindt zu den Tommies! Nicht zu den einfachen Soldaten in der Kaserne. Sie verkehrte nur mit Offizieren, die im Südviertel in den besseren Häusern wohnten. Die Besitzer hatte man zwangsevakuiert wie meine Lehrerin, die auch ihre Wohnung räumen und drei Jahre ganz beengt im Dachgeschoß unserer Schule hausen mußte.

Frau Geschwindt dagegen hatte sich in einer neueren Wohnung in der Straße einquartiert. Trotz Wohnungsnot war ja durch Beziehungen so manches möglich. Die „Raschelnde" hatte es ja auch nicht nötig, ihre Waren auf dem Schwarzen Markt abzusetzen. Die feine Dame machte Hausbesuche, hatte ihren privaten Handel mit Leuten wie uns, die auch in Naturalien zahlen konnten.

Wenn sie mit vollen Taschen kam, verzog sich meine Mutter mit ihr ins Wohnzimmer. Das Zeremoniell war immer gleich. Friedchen mußte erst eine Kanne Bohnenkaffee kochen, dann kam das Geschäft. Eine Stunde später zog sie wieder ab – mit einem Paket aus unserem Laden.

In Mutters gut verschlossenem Schrank aber

stapelten sich die Waren. Kaffee und China-Tee in verschiedenen Mischungen. Milchpulver und englische Seifen. Jam, Biskuits, Portwein und Sherry gab's. Sogar Christmas Pudding, wenn die Zeit danach war.

Meine Großmutter konnte wieder nähen – die Geschwindt sorgte für feines englisches Tuch. Und mein Vater brauchte nicht wie die meisten Männer im Garten Tabak zu pflanzen – er wurde gleich nach seiner Rückkehr aus der Gefangenschaft mit Players versorgt.

Amis oder Tommies – Zigaretten waren damals die härteste Währung an der Devisenbörse des Schwarzen Marktes. Amis wurden pro Zigarette zum Kurs von acht R-Mark gehandelt, Tommies lagen bei sechs.

Daß Mutters Kungelgeschäfte nicht nur mit Fleisch-und Wurstwaren abgegolten werden konnten, war verständlich. Drum organisierte sie kurzentschlossen den Zwischenhandel. Aus der Verwandtschaft und von guten Bekannten gingen Porzellan, Tafelsilber, Kristall und Schmuck durch unser Wohnzimmer.

Mutter und die Geschwindt, die im Schwarzhandel so eng zusammenarbeiteten, sind sich trotzdem nie richtig nahegekommen. Es war eine reine Zweckfreundschaft per Sie, die beiden was einbrachte. Und mir auch. Ich war der erste Junge bei uns in der Straße, der Rollschuhe hatte. Echt Kugellager. Die „Raschelnde" machte es möglich.

Ihre Tochter Christa heiratete übrigens nicht viel später einen schottischen Offizier. Kein Wunder eigentlich bei den internationalen Beziehungen der Frau Mama.

Hanneken und die heilenden Hände

Ihre Freundinnen aus unserer Gegend nannten sie „dat Hannchen". Ihre ostpreußische Sippe rief sie „Hanneken". Ihr richtiger Name war Johanna.

Als ganz junges Ding von 18 war meine Großmutter aus Plempud bei Tilsit ins Ruhrgebiet gekommen. Sie wurde steinalt – eine richtige Ostpreußennatur! Dabei hätte sie aufgrund ihrer vielen „Krankheiten" höchstens 50 werden dürfen.

Oma kränkelte immer. Obwohl ich mich nicht erinnern kann, daß ihretwegen in all den Jahren auch nur ein einziger richtiger Arzt über unsere Schwelle getreten wäre. Ihre „Ärzte" waren Naturheiler, Gesundbeter, Handaufleger, Kartenleser und Sektierer.

Das lange Leben meiner Oma ist schnell erzählt. Ihr Bruder Albert hatte sie aus Ostpreußen ins Ruhrgebiet nachgeholt. Albert hatte sich hochgearbeitet im Pütt zum Reviersteiger. Er machte ständig Lehrgänge, wollte noch höher hinaus, als er für immer unten blieb. Ein Grubenbrand kostete ihn das Leben.

Da war Schwesterchen Johanna schon lange

verheiratet. Mit 19 hatte sie ihren Wilhelm, einen Maurerpolier, kennengelernt. Er baute unser Haus. Sie gebar ihm zwei Kinder. Dann fiel er an der Westfront – gleich im ersten Kriegsjahr.

Ihre Erinnerung an ihn: Die beiden Kinder, die sie in der Steckrübenzeit des 1. Weltkriegs allein durchbringen mußte. Ein Verdienstkreuz, posthum für Tapferkeit verliehen. Und ein paar krumm geschossene Münzen, die Wilhelm in seinem Brustbeutel trug, als ihn die Granate erwischte. Ich weiß noch, welchen Grusel die Münzen bei mir hervorriefen, wenn Oma sie mir später zeigte.

1922 heiratete die Kriegerwitwe nochmal. Das Glück dauerte ganze zwei Jahre, dann haute Ehemann II auf Nimmerwiedersehen ab nach Amerika. Und fortan lebte Oma nur noch ihren Krankheiten.

„Dat spricht sich doch rum, wose anständich wat melken können," sagte unser Friedchen über die vielen Nassauer, die sich bei uns die Klinke in die Hand drückten. Nur zwei sind mir so richtig in Erinnerung geblieben. Die Frau von Löttgen, die wir die polnische Gräfin nannten. Und der Mijnherr Cornelius, der gleichermaßen die Kunst des Handauflegens und die des Handaufhaltens beherrschte.

Ob die polnische Gräfin tatsächlich eine „von" war, worauf sie heftig bestand, vermag ich nicht zu beschwören. Sie trug immer sehr abgewetzte Klamotten, puderte ihr welkes Gesicht schweinchenrosa – die Frau von Löttgen sah wahrlich nicht wie eine von Adel aus. Meine Oma aber schwor auf ihre heilenden Hände und ihre heilenden Tinkturen, die sie immer in einer Art Hebammenkoffer mit sich herumschleppte. Doch auch meine Mutter, die ja mit beiden Beinen so fest im Leben stand, glaubte an die besonderen Fähigkeiten der Dame aus Oberschlesien. Und das hatte seinen Grund.

Es war im Krieg. Ich war gerade drei Jahre alt, als ich eine Flasche Hustensaft austrank. Ich war immer ganz verrückt nach dem süßen Zeug, hatte mir in einem unbeobachteten Augenblick den Stuhl an den Schrank geschoben und die ganze Flasche leergetrunken.

Keiner wußte, was mit mir los war, als ich völlig apathisch im Bett lag. Der Arzt stand vor einem Rätsel. Eine Vergiftung. Aber womit?

Dann fanden sie die leere Flasche. Sapunin-Vergiftung – der Doktor konnte was verschreiben. Doch ich wurde nicht gesund, eher von Tag zu Tag schwächer.

Drei Tage lag ich auf Leben und Tod. Frau von Löttgen wachte an meinem Bett, sie machte mir Umschläge mit von ihr selbst angerührten Laugen, sie flößte mir Tropfen ein, von denen der Arzt nichts wissen durfte. Und ich wurde wieder gesund.

Seitdem hatte die Löttgen bei uns in der Familie, aber auch im gesamten Freundeskreis den Ruf einer Wunderheilerin. Und schon beim kleinsten Schnupfen mußte ich ihre Heilmethoden ertragen.

Sie behandelte mit Kräutern und stinkenden Salben aus Katzen-und Hundefett. Ständig schleppte sie Katzenfelle bei uns rein, auf die Heilkraft von Katzen schwor sie besonders. Und es war kein Geheimnis, daß die polnische Gräfin Katzen, ja sogar Hunde verspeiste.

Den Beweis erbrachte sie dann selbst. Wir hatten mal einen wildernden Kater, der in der Nachbarschaft Tauben und Kaninchen erledigte. Meine Mutter hatte nach vielen Protesten der Nachbarn den Kater für den Kochtopf freigegeben. Frau von Löttgen lockte ihn scheinheilig, steckte ihn in ihren Hebammenkoffer, um sich zu Hause einen schmachhaften Dachhasenbraten zu bereiten. Doch bevor sie ging, warf sie noch schnell einen verzückten Blick auf unseren Foxterrier Nellie und sagte: „Vielen Dank auch für den Kater. Doch das Föxle wär mir lieber.“

Ob es die Löttgen war, diverse Kartenlegerinnen oder die Betschwestern aus dem freikirchlichen Betsaal unten in der Straße – alle wurden bei uns von meiner Oma bewirtet. Mit einem kräftigen Wurstbrot, mit Kaffee, Kuchen und Likörchen. Danziger Goldwasser war Omas Spezialität.

Doch regelrecht feierlich wurde es, wenn sich Herr Cornelius aus Holland angesagt hatte. Dann ging Oma vorher zum Frisör, zog ein schickes Kostüm an, als wolle sie auf eine Festlichkeit. Mijnherr Cornelius, den feinen Herrn im blauen Nadelstreifen-Anzug, mußte man ja gebührend empfangen. Eine späte Liebe meiner Großmama? Bewahre! Sie glaubte nur an die Magie seiner Strahlen, die er durch Handauflegen und Blicke auf seine „Patienten" übertrug.

Mir war der Kerl mit seinen Strahlen nie ganz geheuer. Wenn ich ihm zufällig begegnete und er mir dann leutselig übers Haar strich, zog ich immer wie elektrisiert den Kopf weg.

Was er mit Oma genau anstellte, weiß ich nicht. Wenn ich bei seinen Besuchen unvorbereitet ins Wohnzimmer reinplatzen wollte, hielt mich Friedchen zurück. „Kannze jezz nich rein. Der Flockenbeutel hält Händken mitte Omma."

Die Sitzungen dauerten ungefähr eine halbe Stunde, dann zog Mijnherr wieder ab. Ein gutes hatte die Sache auch für mich. Tagelang lief Oma nach der Behandlung mit beseeltem Blick durch die Gegend. Und so manche Mark saß bei ihr dann locker.

Onkel Max und die Liebe zu Schalke

Es war nicht selten in der schlechten Zeit, daß sich die Leute bei uns durch Untermieter etwas nebenbei verdienten. Die Kostgänger lebten quasi mit in der Familie, obwohl sie nie richtig dazugehörten. Kostgänger – das war ein abfälliger Name. Er zahlte für damals recht spärliche Kost auf dem Teller und ein Kissen unterm Kopf.

Wir hatten nach dem Krieg auch ein paar Jahre eine Art Kostgänger, obwohl wir ein finanzielles Zubrot nicht nötig hatten. Doch Onkel Max, der aus der Nähe von Tilsit stammte, war ein entfernter Verwandter von uns: Der Ehemann einer Cousine meiner Oma.

Seine Frau war auf der Flucht gestorben. Max, kinder-und mittellos, war bei uns gelandet. Er hauste neben dem Trockenboden in einer kleinen Bude unterm Dach und versuchte sich so gut wie möglich nützlich zu machen.

Bei Friedchen hatte er immer einen schweren Stand. Für sie war er ein Maul mehr in unserem Haushalt, das sie stopfen mußte. „Den ollen Schmachtlappen kannze doch für nix gebrauchen. Grad ma zum Pferdeäppel aufkratzen."

Mit Kehrschaufel und Handfeger war Max hinter den Gäulen her. Er sammelte Dünger für unseren Garten, den er hegte und pflegte. Und Pferdeäppel waren für Max einfach das Größte!

Melde und Spinat pflanzte er an. Tomaten, Schnibbelbohnen, Schlangengurken, Kappes – alles brachte er frisch auf den Tisch. Erdbeeren, Stachelbeeren, Johannisbeeren lieferte er auch. Nicht nur zur Freude von Friedchen. „Dat Grünzeuch kann ich ja gebrauchen. Abber dat Beerengedöns macht mich nur Arbeit. Muß ich allet einmachen."

Daß sich Max aber auch um meine Hausaufgaben kümmerte, das zählte bei Friedchen. Da wurde sie entlastet. Max hatte zwar selbst nur sechs Jahre die Dorfschule besucht, ehe er auf dem kleinen väterlichen Bauernhof in Ostpreußen ranmußte. Aber er hatte trotz seines Alters die Gabe, noch mitzulernen.

Ich habe von Onkel Max viel gelernt, nicht nur für die Schule. Er brachte mir die ersten Züge im Schach bei. Er weckte meine Liebe zum Fußball. Schalke war seine große Leidenschaft. Aber davon später.

Ich denke heute noch manchmal gerne an die Sommernachmittage zurück, wenn ich bei ihm im Garten meine Schularbeiten machte. Oder wenn ich in der Laube vom roten Radek lernte, seinem Freund. Die beiden Alten hatten sich nach dem Krieg bei uns in der Straße kennengelernt, waren Freunde geworden. Der heimatvertriebene Max aus Ostpreußen und der sein Leben lang heimatlose Altkommunist mit dem Leninbart, der in Rußland in der Emigration gewesen war und jetzt bei seiner Tochter lebte.

Der rote Radek war den meisten in der Straße verdächtig, weil die Kommunisten-Angst ja heftig geschürt wurde. Der Ruski, wie sie Radek auch nannten, paßte irgendwie nicht in das Kleineleute-Weltbild zur Zeit des Wiederaufbaus.

Ich mochte den alten Radek. Er ließ mich mit

seinen Kaninchen spielen, worüber Friedchen die Nase rümpfte, wenn ich nach Hause kam: „Stinkse widder wien Karnickelbock!" Radek steckte mir häufig Obst zu oder schrappte mir mit seinem Klappmesser ganz bedächtig eine Möhre. Dabei erzählte er oft abenteuerliche Geschichten aus der so fremden Welt des fernen Rußland. Nur schade, daß ich damals noch zu wenig davon begriff.

Was Onkel Max und Herrn Radek in meinen Augen so liebenswert machte: Hier waren zwei alte Männer, die viel Zeit hatten und sie auch für mich verwandten. Und vor allem Max verstand es vortrefflich zu trösten.

Trost war mir oft abgegangen in einem Haushalt, in dem ich als Kind so nebenher lief. Wenn ich eine schlechte Klassenarbeit nach Hause brachte, war Onkel Max gleich mit seinem drolligen Ostpreußisch zur Stelle: „Jongchen, was wäinst denn? Wenns groß bist, wäirste dir kaufen en Rättergut. Was brauchst da Latäin." Ich konnte wieder lachen. Wobei mir viel später erst der Sinn des Ritterguts aufging. Max hatte sein Leben lang vom Rittergut geträumt und es nur zu dem winzigen Bauernhof in Hemskischken gebracht.

Onkel Max hatte ein schweres Leben hinter sich mit einer immer kränkelnden Frau, die dem kinderliebenden Mann nie ein Kind schenken konnte. So vermittelte er auch etwas von eigenen Träumen in seinem Trost. „Jongchen, wäirst säihen. Wäirst säicher mal häiraten en räiches Madamchen."

Wenn ich beim Straßenfußball verloren hatte und und sauer war, sagte er aufmunternd: „Jongchen, hast doch gut gespäilt. Wäirst mal kräiseln wie der Scheppan."

Womit wir wieder bei Schalke wären. Schon in Ostpreußen hatte Max die Königsblauen verehrt. In natura gesehen hatte er seine Fußball-Götter Szepan, Kuzorra, Tibulski aber erst nach dem Krieg, als sie schon in die Jahre gekommen waren. Was seiner Verehrung für sie aber keinen Abbruch tat.

In der Erinnerung verklärt man viele Dinge. Trotzdem weiß ich genau, wie selig ich nach meinem ersten Spiel „auf Schalke“ war, zu dem mich Max mitgenommen hatte. Selig und kaputt! Denn zwei Stunden waren wir zu Fuß bis zur Glückauf-Kampfbahn getippelt. Anderthalb Stunden warteten wir in der überfüllten Kurve. Anderthalb Stunden Spiel, zwei Stunden zu Fuß zurück. Max hatte sich dabei einen fürchterlichen Sonnenbrand auf seiner Glatze gefangen.

Es war kein großes Spiel trotz großer Namen. 1:0 siegte Schalke gegen Fortuna Düsseldorf, Paul Matzkowski bezwang Toni Turek mit einem Elfmeter.

Den größten Erfolg 1954, als Toni beim Weltmeisterschafts-Sieg in der Schweiz wie ein Fußballgott hielt, hat Max nicht mehr miterlebt. Die Pumpe streikte. Der „Schmachtlappen“ starb friedlich, nachdem er mir auf seine alten Tage noch soviel beigebracht hatte.

Winston Churchill – alle meine Hunde

Immer wenn wir Kinder Versteckspielen wollten, mußte ich meinen jeweiligen Hund nach Hause bringen. Ich hatte es einmal erfolgreich probiert, als ich suchen mußte. Da hatte ich einfach unseren Foxterrier Nellie losgeschickt: „Such, such!“ Nellie stöberte alle auf. Klar, daß meine Freunde moserten: „Dat gilt nich, glatt gefudelt. Laß bloß den Kroer zu Hause.“ Versteckspielen fand fortan ohne Hunde statt. Doch sonst begleiteten sie mich auf Schritt und Tritt. Alle meine Hunde – ein Kapitel für sich!

Wir hatten zwei Zwinger auf unserem Hof für diverse Kläffer. Einmal hatten wir sogar sechs auf einen Streich. Vier gehörten uns. Zwei hatten wir zur Pflege – bei uns fiel ja schon mal ein Knochen ab. Hunde waren zwangsläufig meine besten Freunde während meiner Kindheit. Und seit mich mal zwei ältere Bengel verprügelt hatten, ging ich kaum mehr ohne vierbeinigen Begleitschutz los, eigentlich nur zur Schule.

Mein erster Hund war Asta, eine Schäferhündin. Ein scharfer Zwingerhund, der mich schon als Kleinkind bewacht hatte und mich „hündisch" liebte. Asta war schlau, Asta war geschickt, Asta hatte so etwas wie einen siebten Sinn. Im Krieg „witterte" sie die Bombenangriffe. Lange bevor übers Radio die feindlichen Bomberverbände im Anflug aufs Ruhrgebiet gemeldet wurden, jaulte Asta zum Steinerweichen in ihrem Zwinger. Lief sie frei rum auf dem Hof, sprang sie gleich mit den Pfoten auf die Klinke der Küchentür, drückte auch die Klinke zum Schlafzimmer runter und dann ab unters Bett. Wir wußten dann: Es war wieder soweit. Sofort schnappten wir unsere Habseligkeiten, rein in den Keller oder Bunker. Erst kurz darauf heulten die Sirenen. Und selbst nach dem Krieg hielt Asta die Tour bei: Gewitter verbrachte sie nur unterm Bett.

Ich nahm Asta nicht so oft mit nach draußen, weil sie mit zunehmenden Alter immer launischer wurde. Als sie einmal bei einem Jungen leicht zuschnappte, bekamen wir Riesen-Ärger. Es gab sogar eine Anzeige, die dann aber zurückgezogen wurde. Meine Mutter regelte die Sache über die Ladentheke. Naturalien waren nun mal das beste Trostpflaster – auch für einen Hundebiß.

Nach Asta war Nellie, ein schwarzweißer Mischling, oft an meiner Seite. Nellie war zwar nicht sonderlich groß, um möglichen Gegnern Angst einzujagen. Aber Nellie war ein frecher Kläffer. Ein Rattenfänger und Schnüffelhund, der ständig seine spitze Schnauze irgendwo reinstecken mußte.

Ratten waren Nellies Spezialität. Ratten gab's in den Trümmern ja überall. Nellie stöberte sie auf, biß einmal zu – dann ließ sie sie achtlos liegen. Bis zu dem Tag, als sie in die spitze Nase gebissen wurde.

Es war in der Rheinpreußen-Tankstelle an der Verbandstraße. In den Kellerräumen wimmelte es von Ratten. „Ich leih euch mal unsere Nellie," sagte mein Vater. Zwei Tage räumte der Hund kräftig auf. Eine Ratte aber hatte sich zwischen zwei Fässer geflüchtet und dort in Abwehrhaltung auf den Hinterbeinen aufgebaut. Nellie konnte nicht richtig zuschnappen.

Dafür biß die Ratte zu. Der Hund winselte jämmerlich, die Ratte konnte sich verdrücken.

Doch fortan beließ es Nellie nicht bei einem einzigen Biß. Sie zerpflückte jede Ratte in viele Einzelteile. Der schmerzhafte Biß blieb unvergessen.

Unvergeßlich für mich war Nellies „Mutterliebe“. Sie hatte selbst nie Junge gehabt. Doch kaum hatten wir junge Kätzchen, legte sie sich zu denen in den Korb. Keine Chance für die Mutterkatze, da reinzukommen. Wir mußten List und Tücke und manchmal auch Gewalt anwenden, um den Hund aus dem Korb zu bekommen. Aber auch anderen Kleintieren schenkte sie ihre ganze Liebe. Wenn wir Küken aufzogen, legte sich Nellie vor den Drahtkäfig und bewachte sie Tag und Nacht.

Als richtiger Wachhund folgte Boxerhündin Schicka auf Asta, die wir mit 15 Jahren einschläfern lassen mußten. Schicka war noch anhänglicher, sie wich nie von meiner Seite. Bis zu dem Tag, als sie auf der Verbandsstraße angefahren wurde.

Mein Vater hatte ihr beigebracht, seine Zigarettenkippen mit den Pfoten auszuscharren. Am Sylvester-Nachmittag warf jemand einen Kracher auf die Straße. Schicka gleich hin zu dem glühenden Ding. Sie scharrte mit der rechten Pfote, der runde Kracher rollte unter ihren Bauch und explodierte. In heilloser Panik rannte die Hündin in den Hinterreifen eines LKW. Ich weinte bitterlich, als mein Vater mit dem toten Hund auf den Armen nach Hause kam.

Bobby, der ballverrückte Boxer-Rüde. Dann der dicke Addy, englische Bulldogge mit Stammbaum – ich hatte viele Hunde mit echtem Charakter. Meine Freunde mochten Addy nicht sonderlich. Dabei war Addy eine Seele von Hund, auch wenn er mit den beiden rausstehenden Seitenhauern im breiten Maul so furchterregend aussah. Die Jungs fanden ihn eher hinderlich, weil er auf seinen kurzen, krummen Beinen so schlecht von der Stelle kam und nach jedem Lauf ganz kurzatmig pustete.

Addy war nicht lange bei uns, es gab bald einen Abnehmer. Ein englischer Offizier war geradezu verliebt in den häßlichen „Bully“, den er sofort in Winston Churchill umtaufte.

Wie ich meine Mutter kannte, hat Winston Churchill den Offizier eine Stange gekostet. Nicht nur eine Stange Zigaretten.

Mockturtle, Schmant unt en Schlach Durchenander

Vom Essen zu reden in einer schlechten Zeit – muß denn das sein? Es muß sein. Weil essen bei uns zu Hause und „bei uns inne Straße“ immer ein ganz wichtiges Thema war. Denn: Wenn es wenig gibt, wird über das Wenige besonders viel gesprochen.

Bei uns wurde gut gegessen, sogar in der schlechten Zeit. Alltags gab's zwar meist die schnelle Küche: Ein Kotelett, ein Stück Bratwurst oder auch nur Panhas oder Grützwurst in der Pfanne. Doch die Sonn-und Feiertage wie Weihnachten, Ostern, Wiegenfeste waren wirklich Feste. Da bogen sich die Tische, da wurde gefuttert und auch kräftig geschluckt. Und da lud sich so mancher nur zu gerne bei uns ein – der Sturm auf die Fleischtöpfe in einer stürmischen Zeit.

Unsere Küche war typisch fürs Ruhrgebiet. Ein Mischmasch landsmannschaftlicher Gerichte, eine kulinarische Reise durch deutsche Gaue. Mein Vater war aus Oldenburg, meine Oma aus Ostpreußen, meine Mutter hatte bei Juden gelernt. Knofel und kräftige Gewürze gehörten somit zu unserem Haushalt. Unser

Friedchen brachte Westfälisches auf den Tisch. Und dann kamen ja noch die Rezepte aus der Nachbarschaft rein. Unser Weihnachtskarpfen zum Beispiel wurde auf die berühmte schlesische Art zubereitet. Mit polnischer Sauce, die mit Bier, Lebkuchen und Honig angemacht wurde. Jahr für Jahr wars ein Gaumenschmaus unterm Tannenbaum.

Fisch gab es sonst nicht so häufig bei uns. Und wenn, dann meist nur grüne Heringe, die ich wegen des Gestanks beim Braten und wegen der vielen kleinen Gräten damals regelrecht haßte. Nicht ausstehen konnte ich auch ein Gericht, das Himmel und Erde genannt wurde. Für mich war es die Hölle. Denn der süßsaure Geschmack von Kartoffeln, Äpfeln und warmer Blutwurst verursachte mir jedesmal einen Brechreiz. Und bei Spirkel mußte ich auch immer würgen.

Spirkel waren scharf ausgebratene Speckwürfel. Meine Oma hatte damit eine ostpreußische Geschmacksrichtung in unseren Speisezettel eingebracht. Spirkel wurden an alles geschmissen. Ich kratzte sie dann wieder auf den Tellerrand, aß widerwillig, bis es Friedchen zu bunt wurde. „Hasse widder lange Zähne. Gegessen wird, wat auffen Tisch kommt!"

Was ja sonst auch stimmte. Bei uns hätte immer die Sonne scheinen müssen. Die Teller wurden blankgeputzt – die Köche waren einfach zu gut.

Wenn meine Oma kochte, dann war es deftig und fett, ostpreußisch eben. Schmant (Rahm aus süßer und saurer Sahne) kam an fast alles. Und eins ließ Oma sich nie nehmen: Kumst (Sauerkraut) legte sie zur Kappeszeit in großen Steingut-Töpfen selber ein.

Friedchen kochte in der Woche: Stielmus, Schnibbelbohnen, Schlabberkappes. Sauerkraut mit Pfötchen und Schweineschwänzken, Grünkohl mit Mettwurst und Bauchspeck. „Wat einfachet – heute gibtet en Schlach Durchenander." Ihr Sauerbraten war fast zu schade für die Woche – ein Festessen. Und erst ihr Münsterländer Pfefferpotthast!

Mein Vater war ein Suppenkasper. Ihm mußte

meine Mutter neben der normalen Mahlzeit oft ein eigenes Süppchen kochen. Im Sommer bestand er auf Obst-Kaltschalen mit Teigklößchen drin. Die mochte ich auch. Biersuppe auf oldenburgisch aber war nicht jedermanns Sache. Und oldenburgische Mockturtle – ich weiß nicht! Denn in diese gebundene Suppe kam als Einlage Fleisch und Hirn aus dem Kalbskopf.

Mutters klare Bouillon als Entree bei Festessen mochten alle. Die war unübertrefflich! Sie kochte sie auf Roastbeef, mit einem Markknochen für den kräftigen Geschmack. Wenn alle löffelten und lobten, dann lächelte sie wissend: „Diese Brühe würde sogar Tote wieder zum Leben erwecken."

Und dann erst Mutters Festbraten!

Kalbschulter in Buttermilch. Ein Gedicht! Weil Kalbfleisch ja damals noch Kalbfleisch war.

Roastbeef am Stück im Bräter, von außen dick eingerieben mit extrascharfem Senf. Die Kruste drumrum wurde fast schwarz, doch beim Aufschneiden war das Roastbeef innen zartrosa. Sie konnte es auf den Punkt, nie war der Braten durch.

Der Zweibelrostbraten a la Mutter Meyer. Den hätte selbst eine Oma ohne Zähne essen können. Es waren dicke Rindfleischstücke von der Hüfte, zwei Stunden mit einer Unmenge von Zwiebeln geschmort. Noch heute steht er auf unserem Rezeptblock ganz oben.

Dann die Puddings, Kompotts und Rote Grütze mit Schmant – ein Mischrezept aus Oldenburg/Ostpreußen. Und das Gebäck und die Plätzchen und die Kuchen und...

Mein Vater, nicht ungewöhnlich für einen Metzger, war ein ganz Süßer. Streuselkuchen gab es aus Tradition jeden Samstag frisch, für unseren großen Haushalt gleich mehrere Bleche. Heidesand waren Vaters Lieblingsplätzchen übers ganze Jahr, Eselsohren waren es zu Sylvester. Die wurden schon zu Weihnachten in Öl gebacken und in Puderzucker gerollt. Sie sollten eigentlich eine Woche stehen, bis sie ganz mürbe waren. Mein Vater aber holte sich Handvoll für Handvoll, zum Jahreswechsel war die Platte geputzt.

Was sonst noch alles an Kucken und Torten aus unserem Backofen kam, es würde zu weit führen. Meine Mutter liebte Backen fast noch mehr als Kochen. Kein Wunder eigentlich, ihr Bruder war ja Konditor. Die beiden tauschten da natürlich ständig Erfahrungen und Rezepte aus.

Genug des Schlemmens in einer Zeit, in der die meisten Leute die Zähne in die Tischplatte schlagen mußten. Fast alle hatten zu „knapsen". Und selbst als 1948 nach der Währungsreform über Nacht die Regale voll waren und die Vitrinen überquollen, war ja nicht genug „Kohle" da, um unbegrenzt zu prassen. Viel taten es trotzdem, sie kauften und kauften – auf Christ und Kreide.

Die sechsköpfige Familie Steckel zum Beispiel hatte drei Verdiener. Steckels waren Superkunden, auch wenn sie nie bar bezahlten, immer anschreiben ließen. Freitag war Lohntag, da wurde abgerechnet. Der Großeinkauf fürs Wochenende ging dann gleich wieder „auf Latte". Der alte Steckel brauchte ja für Samstag „noch Spritgeld für anne Theke". Oder schrieb auch der Wirt auf den ganz großen Deckel?

Wahrscheinlich! Denn so wart nu ma üblich bei uns inne Straße...

Bauer Hennings – ein Mann von echtem Schrot und Korn

Das Wäldchen mit den zirka 20 Buchen, das wir Hennings Büschken nannten, hatten sie schon in den Fünfziger Jahren abgeholzt. Das Bauernhaus mit Stallungen, weit über 100 Jahre im Besitz der Hennings, war Anfang der Siebziger vom Bagger „plattgemacht" worden. Es mußte weichen für zwei Neubaublocks, die wenigstens noch durch den Namen Hennigshofen an Bauer Hennings erinnerten, den wir so oft geärgert hatten und für den wir Kinder nur die „Saubrut" waren. Aber nicht nur wir Kinder.

Der alte Bauer war der letzte in der vierten oder fünften Generation der Hennings. Die waren schon bodenständig, als an der Ruhr die ersten Kohlen gefördert wurden. Deshalb blickte Wilhelm Hennings auch verächtlich herab auf alle „Zugereisten". Ob sie nun Abramczik oder Zupan hießen oder auch sehr deutsch Hagemeier – für ihn waren alle durch die Bank „Polacken".

Zum Beispiel unsere direkten Nachbarn, die gerade erwähnten Hagemeier. An deren Haustür mußte der alte Hennings jeden Tag zweimal vorbei: Wenn er zur Kirche ging und wenn er vom Beichten wieder heimkam. Der schmale landwirtschaftliche Weg war zwar nicht das Haupttor zum Henningshof. Doch zur Kirche war es so näher.

Der knorrige und knurrige Hennings, der immer eine grüne Lodenjoppe trug, war fromm katholisch. Nachbar Hagemeier aber war Sozi und sehr aktiv in der Gemeinde-Verwaltung. Da gab's zwischen den beiden häufiger mal Streitigkeiten. Mein Vater erzählte oft, daß sich die beiden auch bei Bier und Korn ständig fetzten. Das war zu der Zeit, als sie noch gemeinsam zum Frühschoppen ins „Deutsche Eck" gingen. Später sah man Hennings überhaupt nicht mehr in Kneipen. Er hatte sich nicht nur mit Kalli Hagemeier verkracht.

Hennings' Wut mußte nach Streitereien auch Frau Hagemeier ausbaden. Dabei war sie eine so nette, immer freundliche Frau, die mit allen Leuten in unserer Straße auf gutem Fuß stand. Nur Hennings trampelte ihr manchmal auf die Füße.

Die folgende Szene kann ich so genau beschreiben, weil ich sie rein zufällig von der Trinkhalle aus mitbekam.

Hennings auf dem Heimweg von der Kirche. Frau Hagemeier wischt gerade ihre Eingangstreppe. Hennings wirft den Kopf in den Nacken, stapft grußlos an ihr vorbei. Noch zehn Meter weiter, dann ist er auf seinem Weg. Plötzlich dreht er sich um und brüllt zurück: „Alte Polackensau!" So war er nun mal, der fromme Hennings. Am nächsten Tag mußte er wieder beichten gehen.

Ob er wohl auch jemals gebeichtet hat, daß er auf uns Kinder mit Schrot schoß? Es passierte nicht nur einmal, wenn wir auf seiner Wiese direkt hinter unserem Haus Fußball spielten. Ein Knall! Hennings hatte hoch in die Luft geballert, die Schrotkugeln tropften auf uns nieder. Wir schnappten dann schnell den Ball und hauten ab über die Mauer. Man wußte ja nie, ob der unberechenbare Wüterich nicht mal scharf schoß. Ich selbst hatte ja schließlich am eigenen Leib erlebt, wie jähzornig der verknöcherte Junggselle werden konnte.

Es war zu der Zeit, als Doktor Schewe bei uns im Ort als neuer Arzt seine Praxis eröffnete. Er hatte noch kein gescheites Haus gefunden, bewohnte zum Übergang eine Etage im geräumigen Herrenhaus von Hennings. Die Einquartierung war natürlich über die Kirche arrangiert worden.

Doktor Schewe und seine Frau freundeten sich mit meinen Eltern an. Auch so eine Freundschaft, die zuerst einmal auf Naturalien-Basis zustandekam. Ich selbst war damals viel mit dem gleichaltrigen Fredi Schewe zusammen, der mit mir zur Schule ging. Wir machten gemeinsam Schularbeiten, wir spielten zusammen. Fast jeden Tag zog ich los zum Henningshof, die 200 Meter über den Feldweg.

Ein Bauernhof lockt Stadtkinder natürlich. Der freundliche Jungknecht Hansi ließ uns auch schon mal in die Stallungen, wenn Hennings mittags schlief. Altknecht Schorsch, so mürrisch wie sein Arbeitgeber, aber schmiß uns wieder raus.

Und dann passierte die Sache mit dem Baumstamm, der abseits des Hauses auf einer Wiese lag. Wohl schon jahrelang, denn er war morsch durch und durch. Fredi und ich besorgten uns Hammer und Meisel, schlugen ganze Stücke aus dem Stamm. Ich erinnere mich dunkel, daß wir uns einen Indianer-Totempfahl schnitzen wollten.

Am nächsten Tag klingelte bei uns das Telefon. Hennings blökte meine Mutter an: „Ich will Schadenersatz. Oder ich gehe vor Gericht."

Meine Mutter ließ sich einschüchtern. „Du gehst jetzt zu Hennings, entschuldigst dich und fragst nach den Kosten."

Ich machte mich mit wackligen Knien auf den Weg. Erst wollte ich noch bei Schewes vorbei, um den Fredi als Verstärkung mitzunehmen. Doch als ich auf den Hof kam, stand der Alte schon vor der Stalltür.

„Komm her!“ herrschte er mich an. Ich schlich auf ihn zu, streckte artig die Hand aus, um mich zu entschuldigen.

Dann ging alles blitzschnell. Hennings griff meine Hand mit links, wollte mir mit rechts eine scheuern. Ich bückte mich, riß mich los und rannte...

„Pack ihn,“ brüllte Hennings. Altknecht Schorsch, der gerade über den Hof kam, ließ seinen Eimer fallen, wollte mich festhalten. Doch ich schlug einen Haken, Schorsch konnte nur noch hinter mir hertreten, streifte mich am Oberschenkel. Wie gehetzt hechelte ich nach Hause, so schnell bin ich die 200 Meter wahrscheinlich nie wieder in meinem Leben gelaufen.

Mein Vater war stinksauer, als er die Geschichte erfuhr. Auf mich, weil ich mal wieder Mist gemacht hatte. Auf meine Mutter, weil sie mich überhaupt zu Hennings geschickt hatte. Und auf den alten Hennings natürlich.

Mein Vater sofort hin zum Bauernhof. Er schmiß Hennings, den er von Kneipenbesuchen her duzte, 20 Mark vor die Füße. Und dann sagte er nur noch diesen Satz: „Wenn du meinen Jungen noch einmal anrühren solltest, dann müssen sie dich für eine Weile in die Kirche fahren.“ Mein Vater war immer ein besonnener Mann. Aber er war auch groß und kräftig!

Fortan war Friede. Ich ging bei Schewes ein und aus, Hennings übersah mich richtig. Und er schoß auch nur noch mit Schrot, wenn er ganz sicher sein konnte, daß ich nicht unter den Jungs war, die mal wieder seine Wiese platt trampelten.

Im Laufe der Jahre verkaufte Hennings erst „unsere“ Wiese, dann sein ganzes Land. Die Wiese bekam ein Händler für Gebrauchtwagen. Ein Feld nach dem anderen ging als Bauland weg, es blieb nur noch das Haus.

Als Hennings starb, hinterließ er seiner ebenfalls unverheirateten Schwester das Haus und viel Geld, das durch den Verkauf der ganzen Ländereien reingekommen war.

Ob Hennings es selbst schon in seinem Testament bestimmt hatte oder nicht – nach Fräulein Hennings' Tod ging alles an die Kirche. Vielleicht wollte die fromme Schwester ihrem brummigen Bruder so einen Platz im Paradies erkaufen.

Einmal König sein – ein Kinderspiel!

Kinderspiele fanden bei uns in der Straße streng getrennt nach Geschlechtern statt. Hier die Jungs, die fast immer pöhlten. Da die Mädchen, die Seilchen sprangen oder mit Gummibällen gegen Hauswände die „Probe“ machten. Alles Geschicklichkeits-Spiele, die die Schicksen perfekt beherrschten und bei denen wir Jungs ganz schlecht ausgesehen hätten. Nur einmal im Jahr gab's beim Kinderschützenfest eine „gemischte Veranstaltung“. Da ereilte mich das Schicksal.

Beim Tratschen in unserem Laden hatten die Mütter der Straße mich als Kinder-König ausersehen, die blonde Karin Wanders als Königin. Ich sträubte mich mit Händen und Füßen. Am Tag des Festes simulierte ich Kopfschmerzen, Bauchkneifen und Durchfall. Nutzte alles nichts. Weder Friedchen noch meine Mutter nahmen es mir ab. „Sei ma en Kerl,“ spottete Friedchen. „Die Karin wird dich beim Küsken schonn nich den Kopp abbeißen.“ Viel schlimmer als der harmlose Kuß (der gehörte zum Zeremoniell) war meine Verkleidung: Anzug, Umhang und eine Krone aus Goldpapier. Karin ganz in weiß wie eine Braut – im Zug mußten wir Arm in Arm unter einem Blumenbogen marschieren. Entsetzlich!

Für meine Mutter war die ganze Maskerade so etwas wie Dienst am Kunden. Im Jahr davor war die Tochter vom Bäcker Krammacher Königin, diesmal mußte ich ran.

Mutter spendierte mehrere Bleche Streuselkuchen fürs Kakaotrinken nach dem Zug. Sie lieferte auch kostenlos den Belag für die Brote am Abend. Und für jedes Kind gab es noch eine Knackwurst. Da zählte nicht, daß ich für einen Tag der Hanswurst war – und noch eine Weile danach. Denn meine Freunde, die fast alle als Cowboys oder Indianer verkleidet gingen, verhöhnten mich gehörig. Respekt vor dem König? Keine Spur! Ich war in ihren Augen der Weiberheld, der sich mit Schicksen abgab. Alles wegen Königin Karin, die eigentlich ganz lieb war, die ich aber so fies behandelte, daß sie heulend zu ihrer Mama rannte und ich beim Abendessen erhöht über den anderen allein auf meinem Thron hocken mußte.

Es dauerte drei Wochen, bis mich meine Kumpel wieder in Ehren aufnahmen. Mein Vorteil: Ich konnte mir ihre Gunst „erkaufen". Mit Rollen von Wurstband zum Beispiel. Der Herbst war da, Schnur für Windvögel war ja rar – ohne mich wäre damals wohl kaum ein „Drachen" gestiegen...

Ganz wichtig aber: Ich schmiß schon mal 'ne Runde aus unserem Laden. Ein Kringel Fleischwurst – das war Versöhnung über den Gaumen. Ich gehörte wieder dazu!

Die Kinder der Straße konnten ja auch sonst von mir „ziehen". Ich hatte meist ein paar Pfennige mehr „auffe Tasche". Ich hatte mehr Briefmarken, Filmstarbilder, Knicker, Groschenhefte – da lohnten sich „Glückspiele" in jedem Fall.

Schnick-Schnack-Schnuck war eins der wichtigsten Spiele. Das wandten wir zwar auch beim Wählen der Mannschaften beim Fußball an. Aber meist ging's um richtige Kohle.

Die Regeln: Zwei Spieler stehen sich gegenüber, einer skandiert schnick-schnack-schnuck. Bei schnuck wird von beiden gleichzeitig ein Handzeichen gemacht. Die flache Hand bedeutet Papier oder Zeitung. Zwei zum V gespreizte Finger stehen für Schere. Die geballte Faust ist das Zeichen für Stein. Ein mit Daumen und Zeigefinger gebildetes O ist der Brunnen.

Gewinn-und Verlustspiele sehen so aus: Stein und Schere fallen in den Brunnen. Zeitung deckt den Brunnen ab. Schere schneidet Zeitung. Stein macht Schere stumpf. Zeitung wickelt Stein ein.

Während hierbei Glück mitspielte, war „Schabbeln" reine Geschicklichkeit. Wir warfen Münzen (meist Pfennige, selten Groschen) gegen den Fuß einer Hauswand oder nach einem auf dem Bürgersteig aufgekreideten Strich. Wer mit seiner Münze am nächsten an Strich oder Handwand lag, der hatte gewonnen. Moment!

Denn es gab dabei noch besondere Schikanen. Der beste Werfer türmte die Münzen in der Innenfläche seiner Hand auf. Sie wurden hochgeworfen, mußten nochmal auf dem Handrücken aufliegen, ehe sie geschnappt werden durften. Was gefangen wurde, war der Gewinn. Mit dem Rest der runterklimpernden Pfennige versuchte sich der Zweitplazierte. Und so weiter...

An Geld zu kommen war schließlich noch nie ein Kinderspiel. Schon gar nicht für uns Kinder damals in der schlechten Zeit!

Kalla und die Kabels

Der Alte hieß Anton. Oder in Kurzform: Toni. Sein Nachname ging ungefähr so: Wosnielszki. Aber richtig wußte das bei uns keiner, auch wenn der Name so ähnlich in unserer Anschreibe-Kladde geschrieben stand. „Den Name kann der ja nich ma selbz buchstabiern," sagten die Leute in der Straße. „Den kann der Toni doch nur auf seine Pipe flöten."

Toni Wosnielszki war Klüngelskerl. Wenn er gerade mal nüchtern war, was selten genug vorkam, fuhr er mit der Liese und dem Pferdekarren durch die Straßen, flötete auf der Blechpfeife und brüllte heiser und kehlig den Spruch der Lumpensammler: „Lumpen, Eisen, Knochen und Papier." Doch meist lag Toni besoffen in seinem Stall, umgeben von Schrott und Plunder. Einmal war er sogar auf dem Bock seines Fuhrwerks eingeschlafen. Doch zielsicher hatte die Liese unter dem Gejohle der Kinder ihren Weg nach Hause gefunden.

Die Wosnielszkis galten nichts bei uns in der Straße. Besonders Wosnielszki jr. war regelrecht gefürchtet. Karl-Heinz war ein Jahr älter als ich, er war sowas wie unser Bandenführer, den wir kurz Kalla oder

Wossi nannten. Unsere Gegner wußten, wie sie ihn reizen konnten. Sie brüllten „Kohlenklau" hinter ihm her, was damals eine ganz schlimme Beschimpfung war und den sowieso schon jähzornigen Kalla wütend bis zur Weißglut brachte.

Wie „Kohlenklau" sah er aber tatsächlich aus. „Kannze nur mitte Kneifzange anpacken," sagte Friedchen. Er hatte jede Menge Pickel im Gesicht und ganz kurzgeschnittene Haare, durch die die Kopfhaut durchschimmerte. „Läuseknappen mit Mottenfraß" war dafür Friedchens präzise Beschreibung.

Kallas unverwechselbare Kennzeichen aber waren Sicherheitsnadeln. Die hielten seine ganze Kleidung zusammen. Knöpfe waren selten dran, war ja auch keiner da, der sie angenäht hätte.

Denn eine Mutter Wosnielszki gab es nicht. Oder besser: Es gab sie nicht mehr. Die war dem alten Suppsack irgendwann weggelaufen. So kümmerte sich die Fürsorge öfter mal um die Belange von Wosnielszki jr., der mittlerweile auf der Hilfsschule gelandet war – der Schrecken aller Lehrer!

Verbotener Umgang lockt doppelt. Der Wossi wurde von den Jungs in der Straße bewundert. Weil er der Stärkste war, es auch mit viel Älteren aufnahm. Weil er oft was zu Schmöken hatte und überhaupt eine „Nummer" war. Meine Eltern fanden das überhaupt nicht. „Kein Umgang für dich," sagten beide streng. „Verlaustet Pack. Schleppse nomma die Seuche bei uns rein," maulte Friedchen. Womit sie tatsächlich recht behalten sollte.

Doch der Hinterhof mit dem ganzen Plunder, den Toni mit seinem Fuhrwerk zusammenkarrte, zog mich magisch an. Meist schnarchte der Alte irgendwo im Schuppen, dann konnten wir die Liese füttern. Für uns Stadtkinder war ein „Zosse" schon was Besonderes.

Daß der Kalla uns einmal eine Mauserpistole mit echten Kugeln zeigte, erzählte ich natürlich zu Hause nicht. Das war das erstemal in meinem Leben, daß ich eine richtige Knarre in der Hand hatte. Zwar keinen

Colt, mit dem meine Westernhelden Tom Prox und Billy Jenkins schossen. Aber immerhin ein Ballermann. Trotzdem war ich heilfroh, daß Kalla uns nicht gleich eine Kostprobe seiner Schießkünste bot. Da hatte er wohl doch zuviel Angst vor seinem Alten.

Krumme Dinge aber machte Kalla ständig. Und oft stiftete er uns zu Mutproben an. „Englisch einkaufen" hieß sein Lieblingsspiel.

Bei Bauer Hennings klauten wir im Sommer Kirschen und Birnen. Das zählte als Mutprobe so gut wie nichts. Auf dem Markt, wenn man damals bei den paar jämmerlichen Ständen davon überhaupt reden konnte, ließen wir öfter mal was mitgehen. Das war schon schwieriger. Weil in der schlechten Zeit ja jeder höllisch aufpaßte. Von Kalla bekamen wir nachher ein Wort der Anerkennung, wenn wir uns „tapfer" gezeigt hatten. Wenn uns eine Sache aber zu haarig erschien und wir zögerten, machte er uns an: „Hasse Muffensausen – laß dich doch einsalzen!"

Falscher Stolz verleitete uns zu immer dummeren Einsätzen. „Tapferkeit vor dem Feind" brachte mir dann einen Hundebiß, eine Ohrfeige und eine Tetanusspritze bei Dr. Schewe ein.

Was war passiert? Bei den Eisenwerken gab es ein Gelände mit schönen Bäumen hinter hohen Mauern. Vor Ostern kam Kalla auf die Schnapsidee, wir könnten ja mal für unsere Mütter einen Strauß Weidenkätzchen klauen. Ausgerechnet Kalla, der ja keine Mutter hatte. Ihm ging es nur um die Mutprobe.

Ohne über die Folgen nachzudenken – wir rüber über die Mauer. Doch gleich gab's den Rückzug, denn das Gelände wurde von einem bissigen Hund bewacht. Jeder brachte sich in Sicherheit, als der Köter angehechelt kam. Plötzlich aber schrie Köttel Lemke, der etwas jünger als die anderen war, wie am Spieß: „Mein Schuh! Ich hab drüben meinen Schuh verloren."

Ich sprang nochmal runter, feuerte den Schuh über die Mauer und hatte plötzlich den Hund am Bein. Einmal biß er kräftig in meine rechte Wade. Ich schüttelte ihn ab, trat nach ihm mit dem linken Bein und rettete mich mit letzter Kraft über die Mauer. Meine Wade aber piesackte höllisch. Blut war nicht einmal viel zu sehen, aber vier tiefe Bißstellen.

Von Köttel Lemke bekam ich einen dankbaren Blick, von Kalla ein anerkennendes Schulterklopfen, von meinem Vater eine Ohrfeige und von meiner Mutter zwei Tage Stubenarrest. Unser Friedchen aber frohlockte regelrecht: „Dat hasse von – jezz krisse Tetanus innen Hintern!"

Die Spritze war halb so schlimm. Doch die Bekanntschaft, die ich kurze Zeit später mit dem Hautarzt machte, war viel unangenehmer. Ganz plötzlich hatte ich einen fiesen Ausschlag bekommen. Die knappe Diagnose des Hautarztes: „Krätze!"

Was das bedeutete? Mehrere Tage mußte ich in einem abgedunkelten Raum liegen. Immer wieder mußte ich mich mit einer stinkenden Paste einreiben – und alles bei Affenhitze.

Ein paar andere Jungs erwischte es auch. Und es gab keinen in der Straße, der nicht den Kalla als „Seuchenbock" verantwortlich machte, obwohl niemand überhaupt die Krätze bei ihm bemerkt hatte. Friedchen aber fühlte sich wieder mal bestätigt: „Dat hasse von – jezz liechse mitte Fott im Bett. Hab ich dich nich gewarnt vor den Schmierlapp!"

Als Kind schlägt man solche Warnungen in den Wind. Auch die, nur ja nicht wieder, Originalton Friedchen, „wat Kriminalet" zu machen. Als der Wossi uns eines Tages einen ganz windigen Auftrag gab, hinterm Nordbahnhof „Kabels" zu holen, war uns allen reichlich mulmig zumute. Doch als Feigling wollte auch keiner dastehen. Wir klauten Kupferkabel, Wossi wollte die Schore irgendwie zu Geld machen.

Doch schon am Tag darauf stand Schupo Schubert bei uns im Laden. Er ging gewöhnlich bei uns ein und aus, weil er meine Mutter mit Wein versorgte. Er stammte von der Mosel – an Wein war dank Schubert bei uns nie Mangel.

Diesmal kam er nicht privat, sondern dienstlich. „Ihr Sohn hat gestohlen. Es wurde Anzeige erstattet. Leider!"

Das „leider" war ganz wichtig. Meine Mutter brachte es auf ihre altbewährte Art fertig, Schubert mit Naturalien zu versöhnen. Die Anzeige fiel unter den Tisch.

Für Kalla ging die Sache nicht so glimpflich ab, denn Vater Toni hatte die Finger auch irgendwie im Kupfergeschäft. Schrottdiebstahl wurde damals deftig bestraft. Toni mußte für eine Weile „innen Bau" und der Kalla kam in ein Erziehungsheim.

Alle Eltern jubilierten. Für uns Jungs aber war es ein herber Verlust. Denn ohne Kalla war mit einem Schlag nix mehr los inne Straße.

Die Macke mit dem Pittermesser

Die beiden wohnten parterre, schräg gegenüber. Siegfried Mack, 25 Jahre Hauer, Frührentner wegen Steinstaub. Ein friedlicher Zeitgenosse, der froh war, daß er bei seiner herrischen Frau das blanke Leben hatte. Denn Maria Mack war ein echtes Kaliber.

Sie war nicht nur hexig zu ihrem alten Schluffen, sie war auch der Schrecken aller Jungs bei uns in der Straße: Eine untersetzte Frau in Kittelschürze, die fast das ganze Jahr barfuß rumlief, stets nach Knoblauch und Zwiebeln roch und unsere Bälle mit dem Pittermesser zerschnitt.

Die Mack waren irgendwann nach dem ersten Weltkrieg von Polen an die Ruhr gekommen. Da hießen sie noch Maria und Zsigniew Makowski oder so ähnlich. Sie ließen sich später eindeutschen. Von den ursprünglichen Namen blieb nur noch Maria übrig.

Siegfried Mack – deutscher ging's kaum noch. Bis er den Mund aufmachte. „Schönem Sprache kannst nicht kofen," sagte er oft traurig, wenn ihn Kinder oder auch Erwachsene veräppelten.

Sein Rentnerdasein spielte sich auf dem Hinterhof mit dem winzig kleinen Garten ab. Er hatte Kaninchen, Hühner, Tauben. Tag für Tag hämmerte er an irgendetwas herum – der Mottek schien an seiner rechten Hand wie angewachsen. Einmal die Woche durfte er in die Kneipe. Bier und Samtkragen waren seine einzige Leidenschaft.

Die Leidenschaft zu Maria mußte ihm schon in früheren Jahren vergangen sein. Mit ihr sprach er wenig, sein Wortschatz war im Dialog mit seiner Frau auf „Joh" und „Noh" zusammengeschmolzen.

Ein schönes Zwiegespräch der beiden gab meine Mutter gerne zum besten. Maria Mack hatte es ihr selbst erzählt.

Maria zu ihrem Mann: „Willst Gritzewurscht?"

„Noh!"

„Willst Blotwurscht?"

„Noh!"

„Willst Schinken?"

„Joh!"

Darauf die Alte mit hämischem Lachen: „Dann kannst mich lecken am Orsch."

Ihr Lachen war immer voller Schadenfreude, vor allem, wenn sie uns einen Ball zerschnitten hatte. Fast schien es, als würde sie den ganzen Tag nur auf der Lauer liegen, um unsere Bälle zu erwischen. Nicht nur die, die in ihren Hof oder Garten flogen. Sie lauerte auch hinter der Haustür, wenn wir auf der Straße pöhlten und unter ihrem Fenster Krach machten. Erstaunlich fix sprang die kleine Dicke dann plötzlich vor, schnappte sich den Ball. Ritsch-ratsch mit dem Pittermesser – das Spiel war zu Ende. Ersatz war selten da, weil wir ja mit Bällen damals nicht gerade gesegnet waren.

Mein erster Lederball war ihr dann aber doch wohl mehr wert, als ihn so einfach zu zersäbeln. Als sie ihn erwischte, blieb der Zachel in ihrer Kittelschürze. Meine Mutter mußte den Ball auslösen. „Gebens mich halb Pfund Tata – das tät's wohl regeln." Tartar, reines

Rindergehacktes, angemacht mit Ei, Knoblauch und viel Zwiebeln – das war Maria Macks Magenspeise.

Ich weiß nicht, warum meine Mutter die Macke-Spiele um Bälle mitspielte. Es war wohl ihre angeborene Freundlichkeit zur Kundschaft. Dabei hatte Mutter die Macke sehr ungern im Laden. Sie war eine richtige Schruze, die am liebsten alles umsonst gehabt hätte. Und sie faßte zu gerne die Ware an, was ihr einmal von meiner Mutter einen Klatsch mit der flachen Seite des Fleischmessers auf die Hand einbrachte.

Sowas nahm die Macke nicht weiter krumm. Nur mit uns Kindern führte sie einen grimmigen Kleinkrieg. Wir wehrten uns mit Beschimpfungen, die sich bei ihr regelrecht aufdrängten.

„Polen-Matka."

„Olle Macke, olle Hacke."

„Macke, Macke, Hühnerkacke."

Oder wir dichteten den Polen-Vers um: „Dobsche, dobsche, trallala – die Macke is mitten Pittermesser da!"

Und dann hatten wir noch das Macke-Spiel. Wenn wir sie auf der Straße sahen, hielt sich einer die Nase zu und fragte laut: „Riechse wat?"

Die Antwort kam postwendend: „Igittigitt – da muß doch wo die Macke sein. Et stinkt nach nackten Sülz und Knofel."

Was sie aber in der ganzen Gegend begehrt machte: Maria Mack galt als erstklassige Knochen-Einrenkerin. Bei Muskelverletzungen, Verstauchungen, besonders aber bei Hexenschuß war die alte Hexe die beste Adresse.

Einmal hatte ich mir einen Halswirbel ausgerenkt. Einen Tag lief ich ganz schief durch die Gegend, weigerte mich aber standhaft, rüberzugehen. „Stell dich nicht so an," sagte meine Mutter. „Die Macke wird dir schon nicht den Kopf abreißen."

Ich schlich über die Straße, klingelte und hätte mir am liebsten die Nase zugehalten. Ihre Knoblauchfahne war entsetzlich. Und dann kam sie auch noch ganz dicht an mich ran.

Sie tastete mit beiden Händen meine Halsmuskulatur ab. Plötzlich holte sie aus, eine Backpfeife wie ein Handkantenschlag!

Ich riß vor Schreck die Augen weit auf. War die denn jetzt ganz meschugge geworden? Dann drehte ich meinen Kopf. Alles in Ordnung, nichts tat mehr weh. „Was muß ich zahlen?" fragte ich ganz beglückt.

„Werd ich regeln mit deine Mamma."

Ihr übliches Honorar: Ein halb' Pfund Tartar...

Der große Brand

Mögen sie auch so gerne den Duft von frischer Mettwurst? Ich ziehe den Rauchgeruch der Pelle jedesmal genüßlich ein. Erinnerungen an meine Kindheit werden dann wach, besonders an einen kleinen Raum hinten in unserer Wurstküche, in dem geräuchert wurde.

Ich wurde immer magisch angezogen von dem dunklen Loch, wo oben unter der Decke die Speckseiten, die Mett-und Plockwürste auf schwarzverkohlten Rauchknüppeln hingen. Auf den Boden wurden aus großen Säcken Sägespäne geschüttet. Genau abgemessen in der Menge, um dem Speck bei einem Rauchdurchgang die goldene Farbe zu geben. Ich riß mich regelrecht darum, die Späne anzünden zu dürfen, die dann nicht lichterloh brannten, sondern mit starker Rauchentwicklung vor sich hinglusten.

Kokeln, das Spiel mit dem Feuer war meine und meiner Freunde Leidenschaft. Jeder von uns verstand es, mit einer Glasscherbe trockenes Gras zum qualmen zu bringen. Bei Bauer Hennings steckten wir sogar einmal ein Wiesenstück in Brand. Als die Feuerwehr anrückte, hatte Hennings mit seinen beiden Knechten schon alles unter Kontrolle. Wir verfolgten das ganze Unternehmen aus sicherer Entfernung.

Feuerchen machen mit Laub oder Reisig, Lagerfeuer oder Kartoffelfeuer im Herbst – für uns Kinder war es das größte. Streichhölzer (wir nannten sie Sticken) hatten wir immer in der Tasche, einige von uns schmökten ja schon. Zu Hause ließ ich ständig Streichhölzer mitgehen. Friedchen schimpfte wie ein Rohrspatz, wenn sie morgens unseren großen Kochofen in der Küche anmachen mußte und kein einziges Zündholz fand. Deshalb machte sie es sich zur Angewohnheit, in allen möglichen Schubladen Streichholzschachteln zu verstecken. Wiederum so gut, daß sie sie selbst nicht wiederfand.

Bis dann der Tag kam, als allen Kindern bei uns in der Straße endgültig das Kokeln verging. Nach dem großen Brand ließ ich ein für allemal die Finger von Friedchens Sticken und von allem, was brennbar war.

Was war passiert?

Jedes Jahr im Herbst holten wir die Schleuderbüchsen raus oder bastelten sie neu. Schleuderbüchsen? Ordinäre Konservendosen, von denen der Deckel abgeschnitten war. In den Boden schlugen wir mit einem Nagel Luftlöcher. Oben am Rand wurden rechts und links je ein Loch gemacht. Darin befestigten wir einen starken Draht, gut einen Meter lang wie ein Henkel.

Wenn die Abende länger wurden, steckten wir in den Büchsen Lumpen an, wirbelten sie dann um den Kopf. Mit den Feuerrädern rannten wir wild heulend durch die Straßen.

Friedchen war meine Schleuderbüchse immer ein Ärgernis, weil ich mit dem Ruß meine Kleider versaute. Als ich einmal meine noch qualmende Büchse auf ihren frisch gescheuerten Küchenboden stellte, bekam sie einen Tobsuchtsanfall und feuerte sie auf den Hof. „Ollen Räucherfritz! Stecksse uns nomma die ganze Bude übbern Kopp an."

Kurz darauf brannte es tatsächlich lichterloh. Nur

200 Meter entfernt von unserem Haus war ein riesiges Lagerhaus einer Lebensmittel-und Getränkefirma. Von vorne sah das Gebäude ja ganz passabel aus. Doch von der Rückseite bei den Kleingärten war es ein verlodderter Schuppen, an dem Latten lose runterhingen.

An jenem Tag hatten Jungs im Windschatten des Gebäudes mit ihren Schleuderbüchsen hantiert. Bei dem starken Wind mußte Funkenflug die trockenen Latten entzündet haben. Blitzschnell stand alles in Flammen.

Was für ein gigantisches Feuer! Es knatterte und knallte, als die Flaschen platzten. Der große Brand so kurz nach der Währungsreform – welche „Vergeudung“ nach dem „großen Brand“ der alkoholischen Dürrejahre bis 1948. Mein Vater sprach aus, was wohl die meisten Männer im Angesicht der lodernden Flammen dachten: „So eine Schande! Der ganze schöne Schabau!“

Das Warenlager brannte bis auf die Grundmauern nieder. Die Polizei schaltete sich ein, fahndete nach den Brandstiftern. Zwei Burschen waren gesehen worden. Plötzlich standen wir alle unter Verdacht.

Ich mußte meiner Mutter hoch und heilig versprechen, daß ich nicht dabei gewesen war. Friedchen schaltete blitzschnell mit ihrem praktischen Verstand und ließ sofort meine Schleuderbüchse verschwinden. „Kann ja sein, dat die Polente übberall filzen kommt.“

Sie kam nicht zu uns. Die „Polente“ hatte die Übeltäter schnell gefunden. Und deren Eltern gerieten arg ins Schleudern. Wie sie damals für den Schaden aufkommen mußten, weiß ich nicht. Nur soviel weiß ich noch genau: Ich habe nie mehr eine Schleuderbüchse angerührt.

Der Tag, an dem Sheriff Kane kam

Das berühmte Frage- und Antwortspiel vorneweg:

„Wo gehsse?"
„Im Kino."
„Wat gibtet?"
„Quo vadis."
„Wat heißt dat?"
„Wo gehsse?"
„Im Kino..."

Kino – volkstümlich hieß das bei uns Kindern Flitsch. Die „Paläste" meiner Kinder-Traumwelt hießen dagegen hochtrabend Helios und Gloria, Film-Palast und Residenz-Theater. Im Residenz, kurz Resi genannt, liefen die Räuberpistolen und Western. Im Film-Palast und Gloria die Heimatschnulzen. Wohl keine Frage, welches unser Lieblingskino war. Und es gab noch einen Grund mehr für unsere Liebe zum Resi. Aber davon später.

Verbündete für meine Kino-Leidenschaft fand ich in der Zeit vor dem Fernsehen in meinem Vater und in Friedchen. Während meine Mutter streng sagte: „Zuviel Kino hält dich nur vom Lernen ab," spendierte mein Vater mir häufiger mal 50 Pfennig für einen Film. Und wenn er gut bei Laune war, fuhr er mit mir zur Stadt in eins der großen Innenstadtkinos, in denen die neuen Filme immer ein paar Wochen früher liefen als bei uns im Vorort.

Alt oder neu – Friedchen war das egal. Sie fuhr ungern allein in die Stadt, verbrachte aber jede freie Minute in unseren Kinos. Mich setzte sie vorher meist als Film-Tester ein. Ich bekam von ihr dann das Kinogeld, um mir Rührstücke im Film-Palast anzusehen. Sie wollte immer genau wissen, was auf sie zukam und wieviele „Rotzfahnen" sie einstecken mußte. Filme mußten für Friedchen schön traurig sein – „sowat fürt Härz."

Ich hatte es bei den Inhaltsangaben der Filme bald zur Perfektion gebracht. Mit großen Augen und halboffenem lauschte Friedchen, die ja sonst so barsch sein konnte und robust war wie ein Mann, ganz versonnen meinen Schilderungen. Manchmal trug ich auch etwas dick auf. Hatte sie den Film später dann selbst gesehen und als schlecht empfunden, maulte sie mich an: „Hasse ganz schön gesülzt. War überhaupt nix zum Weinen."

Ich kann hier gestehen, was ich damals nie gestanden hätte: Daß ich das eine oder andere Mal bei den Schnulzen auch feuchte Döppen bekam. Bis zu dem Tag, als mich ein paar Freunde draußen vor dem Kino erwarteten. Sie sahen sofort meine verschmiemelten Augen und verspotteten mich natürlich gehörig. Fortan unterdrückte ich standhaft jegliche Art von Rührung. Jungens heulten nun mal nicht!

Die anderen hatten es mit Kino-Besuchen lange nicht so gut wie ich. Fünfzig Pfennig – das war massig viel Geld. Drum versuchten wir mit allen Schlichen und Tricks, auf lau „innen Flitsch zu flutschen".

Am besten ging das im Resi. Da gab es eine etwas schusselige ältere Frau, die während der Nachmittags-Vorstellungen als Kartenabreißerin und Platzverweiserin gleichzeitig ranmußte. Das nutzten wir aus. Einer kaufte eine Karte. Die billigste natürlich, Rasierplatz in den Reihen eins und zwei. Die Platzanweiserin führte ihn im Licht ihrer Taschenlampe den weiten Weg bis ganz nach vorne. Zeit genug für uns, um husch, husch durch den Vorhang an der Tür ins dunkle Kino zu schleichen.

Sehr erfolgreich war auch folgende Masche, die vorher minutiös festgelegt werden mußte: Zwei mit Karten täuschten im dunklen Kino einen lautstarken Streit vor. Wenn die Platzanweiserin vorne nach dem rechten sah, drehten wir hinten unser linkes Ding.

Natürlich wurden wir mit der Zeit immer frecher. Kaum hatte der Hauptfilm begonnen, saßen wir alle gleich auf den besseren Plätzen. Doch einmal, bei einem Filmriß, fiel selbst unserer Platzanweiserin auf, daß da etwas faul sein mußte. Die Loge war fast voll, obwohl sie keinen einzigen Besucher dorthin geführt hatte. Der Filmvorführer wurde geholt. Karten-Kontrolle! Bis auf zwei flogen alle achtkantig raus.

Daß das Resi schon Anfang der Fünfziger Jahre dichtmachte, lag sicher nicht an uns Lauguckern, eher an den schlechten Filmen. Heute ist im früheren Residenz-Theater ein Supermarkt.

Als ich da kürzlich vorbeikam, ging ich aus Nostalgie in den Laden. Wo früher die Loge war, sind jetzt die Kassen. Ich stand da ganz versonnen rum, versuchte mir nochmal das Kino von damals vorzustellen, als mich die Kassiererin anblaffte: „Wat versperrense hier den Weg? Wollense nix kaufen?"

Ganz verdattert griff ich zu Schokolade, die in großen Stapeln so einladend an der Kasse aufgebaut war. Ich stellte mir vor, was es für eine Wonne gewesen wäre, wenn wir damals zu „Zorro" auch noch diese Berge von Schokolade als Nervennahrung hätten verputzen können.

Eins möchte ich hier noch als Fußnote anfügen. Als Sheriff Kane alias Gary Cooper zur Premiere von „12 Uhr mittags“ in die Essener Lichtburg kam, stand ich draußen in der Menge. Ich habe von Cooper zwar kaum was gesehen, obwohl er ja ein Riese war. Doch riesig stolz kann ich hier vermerken: Ich bin dabei gewesen!

Die Blaue und die Bank

Die Bank stand am toten Ende der alten Verbandsstraße. Irgendein Menschenfreund mußte sie da mal hingestellt haben, weil Liebespaare es damals mit Bänken ja schwer hatten. Auf dem Friedhof gab's wohl welche, doch wer knutscht schon gerne zwischen Gräbern! Und über den alten Friedhof kamen auch ständig Leute, der reinste Duchgangsverkehr zwischen der katholischen Kirche auf der einen und der evangelischen Kirche auf der anderen Seite.

Unsere Bank war prima abgelegen. Tagsüber konnte man sie zwar oben auf der Böschung von allen Seiten sehen, aber abends im Dunkel ging da bis auf Liebespärchen keiner hin. Laternen gab es weit und breit nicht. Prima duster war's – ein richtig lauschiges Plätzchen. Wenn nur nicht die Köttelbecke an schwülen Sommerabenden oder bei Wetterumschwung so erbärmlich gestunken hätte.

Die Becke, unser „Vorortbach", floß direkt unterhalb der Böschung. Zirka 200 Meter war sie schnurgerade einbetoniert, bevor sie in der Röhre verschwand. Da hatten sie im Krieg einen Bunker reingebaut, eine Luftschutztür davor, Kanthölzer und Bohlen über die

Abwässer. Bei Fliegeralarm hatten wir dort oft genug gezittert.

Aber ich wollte ja das mit der Bank erzählen. Von da oben hatte man einen guten Blick über das ganze Gelände. Die alte Verbandsstraße war Brachland für die erst viel später ausgebaute B1. Viel Trümmerschutt hatten sie da aufgeschüttet. Doch es gab auch große Flächen, auf denen wir prima pöhlen konnten. Gefummelt wurde da am Tag, gefummelt wurde aber auch ein paar Meter höher auf der Böschung – wenn's duster war.

Wir waren damals noch viel zu jung, um abends auf die Bank zu gehen. Doch Anni Eckel, die alle wegen ihrer feuerroten Haare nur die „Blaue" nannten, war dort Stammgast. Anni war das, was man bei uns einen Feger nannte – sie hatte nichts als „Kerle im Kopp". Die Klatschmäuler bezeichneten sie sogar hinter vorgehaltener Hand als Flittchen. Der böse Spruch kurz nach Kriegsende: „Fürn Päcksken Amis hält die Anni gleich die Dose hin."

Anni lachte darüber nur. Das aufreizende, freche Lachen einer Straßen-Schickse. Ob sie tatsächlich anschaffte? Keiner wußte es so richtig. Ich weiß nur, daß ihr Bruder Alla immer ganz rare Klamotten hatte wie Kaugummi und Cadbury-Schokolade. Schwesterchen machte es möglich. Die Straße runter war ja der Markt, damals der Schwarze Markt. Da strich die Anni ständig rum. Und oft genug wurde sie bei Razzien erwischt.

Annis jüngeren Bruder Alla nannten wir Frosch, weil er so einen aufgeblasenen roten Kopf hatte mit angeklatschten Haaren. Rotblond, nicht so feuerrot wie die von Anni.

Der Frosch war frühreif, wußte besser als alle anderen Jungs in meinem Alter, wo es langging. Eigentlich ja kein Wunder bei der scharfen Schwester.

Alla war nur scharf auf Geld. Für einen Tacken „verkaufte" er jederzeit die Anni. Oft genug kam er an und sagte ganz geheimnisvoll: „Ich weiß, wo die heute abend knutschen geht. Sollnwer luckilucki machen?"

Luckilucki – das Wort stammte aus der allerersten Besatzungszeit. Da versuchte ja jeder mit den Amis oder Tommies ins Geschäft zu kommen. Look heißt angucken. Die Sieger wollten natürlich nicht die Katze im Sack kaufen. Luckilucki wurde so zum geflügelten Wort.

Ich weiß noch, als Alla mich eines abends mitschleppte zur Bank. Anni war angeblich dort mit einem Freier. „Die sind am Pinneken verstecken," kündigte er groß an. Ich wollte nicht so richtig ran an die Sache. Aber Alla ließ nicht locker. „Fürn Tacken kannze wat erleben." Ich rückte den Groschen raus, wir gingen luckilucki machen.

Es war ein Frühlingsabend, ungemütlich und diesig. Wir schlichen uns ganz leise an. Doch nichts war zu sehen. Nicht die Bank, nicht die Blaue, nicht der Freier.

Zischte Alla: „Siehsse wat?"

„Nee," zischte ich zurück.

„Hörsse wat?" Bevor ich antworten konnte, kam die Männerstimme aus dem Nichts. „Wenn ihr euch nicht gleich verpißt, gibt's den Arsch voll." Und dann das Kichern von Anni. Wir hauten ab, war nichts mit luckilucki. Aber Alla ließ nicht locker, um mir fürn Tacken Aufklärungs-Unterricht zu geben.

Ein paar Wochen später im Sommer. Anni hatte inzwischen einen schicken Freund mit Familienverkehr. Ein Holländer, Henk mit Namen. Der kam immer von Venlo mit einem großen Ami-Schlitten angerauscht. Die alten Eckel witterten eine gute Partie. Die Zeiten, wo es Anni fürn Päcksken Amis machte, waren vorbei. Zigaretten gab's jetzt genügend, Marke van andern.

Sagte Alla eines Tages grinsend: „Heute gibt's was. Die beiden liegen nackend auffen Balkon. Wir gehn jezz auffen Schlach."

Wir rauf auf Eckels Taubenschlag. Durch die Einfluglöcher hatte man das Haus und den Balkon im Blick, ohne daß wir selbst gesehen werden konnten.

Auf dem Balkon aber keine Spur von Anni und Henk. „Ich weiß genau, dat die da sind. Scheiße, die haam sich auffe Matratze gehaun, kannze nix sehen."

Alla wollte den Tacken schon wieder rausrücken – da war plötzlich Vorstellung. Zwei blanke Knie sahen wir, dazwischen ging ein rosa Männerhinter hoch. Erst langsam, dann immer schneller.

„Mannomann, ich werd nich mehr!" keuchte Alla atemlos. Und kam gleich wieder zum Geschäft: „Für die Nummer zahlsse nachher nochen Tacken."

Ännchen von Tharau

Es war kurz vor der Währungsreform, als meine Mutter die Schnapsidee hatte, ich müßte ein Instrument lernen. Wie sie darauf kam, blieb mir bis heute ein Rätsel. Ich war total unmusikalisch. Trotz meines glockenhellen Soprans hatten sie mich schnell aus dem Schülerchor ausgemustert.

Vielleicht war es der immer noch unbefriedigte musikalische Ehrgeiz meiner Mutter, den sie damals auf mich übertrug. Sie hatte als junges Mädchen mal Geigenstunden genommen. Doch dann war die Sache eingeschlafen. Der alte Geigenkoffer verstaubte bei uns auf dem Kleiderschrank.

Geige – dagegen wehrte ich mich standhaft. Ein Klavier war selbst für meine Mutter schwer aufzutreiben. Aber ein Schifferklavier...

Ich sehe alles noch genau vor mir. Plötzlich stand da der schwarze Kasten im Wohnzimmer. Fast feierlich schob meine Mutter den Kofferverschluß auf, hängte mir Würstchen das schwere Monstrum vor die Brust und sagte ganz stolz: „Echt Hohner – versuch doch mal." Widerwillig zog ich die Quetschkommode auseinander, drückte auf Tasten und Baßknöpfe. Es klang so schauerlich, daß unser Foxterrier Nellie gleich jaulend Reißaus nahm. Unser Friedchen, die das Unternehmen recht argwöhnisch beobachtete, brummelte: „Mannomann – als hättenwer nich schonn genuch Remmidemmi inne Bude." Mein Vater, der sich sonst aus meiner Erziehung total raushielt, machte nur einen schwachen Einwand: „Muß denn das sein?"

Es mußte wohl sein. Und ein Akkordeon-Lehrer war auch gleich gefunden. Heinrich Müller, der weiter unten am Markt wohnte. Müller war Musiklehrer an der Mittelschule und Dirigent im Kirchenchor. Müller war Junggeselle und ein stadtbekannter Schickermann. Sein Spitzname: Stocheisen-Müller. Weil er so dürr war, der typische ausgemergelte Trinker. Unser Friedchen hatte wieder mal den besten Spruch für ihn parat: „Für den Hungerturm gibtet bestimmt nur dat halbe Kopfgeld." Kopfgeld – das waren die 40 D-Mark, die es kurz darauf pro Kopf bei der Währungsreform gab.

Ich denke heute noch manchmal an meinen ersten und einzigen Besuch bei Müller zurück. Ich astete mit dem schweren Koffer die Straße runter. Es war ein einziges Spießrutenlaufen. Alle Jungs und Schicksen der Straße standen Spalier, klatschten und höhnten.

„Achtung, unser Beethoven kommt!"

„Lernze jezz Klavier für Arme?"

„Wann trittse auf – müssenwer schonn Karten holen?"

Als ich nach meiner ersten Übungsstunde wieder nach Hause kam, feuerte ich den Kasten in die Ecke, soweit das Gewicht es zuließ. „Scheiß-Kiste kannze kaum schleppen. Nie widder geh ich da hin."

Mehr wegen des Gewichts als wegen des Spotts der Straße brauchte ich es auch nicht. Stocheisen-Müller machte fortan Hausbesuche. Zweimal die Woche kam er mit seinem abgewetzten schwarzen Cord-Anzug bei uns reingetänzelt, übte mit mir Tonleitern und wurde dafür hauptsächlich in Naturalien bezahlt. Kommentar dazu von Friedchen: „Chefin, den könnse ruhich en Pohl Fleischwurst mehr einpacken, damitter wat auffe Rippen kricht."

Doch Stocheisen-Müller aß ja so wenig, er ernährte sich eher flüssig. Ganz unangenehm war mir deshalb auch seine körperliche Nähe. Bei den Stunden beugte er sich von hinten über mich, um mir die Griffe auf der Tastatur zu zeigen. Ich hätte mir dann wegen seiner Fahne am liebsten die Nase zugehalten. Nur: Zum Akkordeonspielen braucht man nun mal beide Hände.

Aber nicht nur mir waren die Auftritte von Stocheisen-Müller bei uns lästig. Nellie rannte beim ersten falschen Ton sofort raus auf den Hof. Mein Vater verzog sich in die Wurstküche oder ging schon nachmittags auf ein Bier in die Kneipe. Oma blieb gleich oben in ihrer Wohnung. Nur Friedchen mußte meine Übungen ertragen. Sie tat es widerwillig: „Dat Gedudele – wirsse doch ganz kolone von."

Kunden, die meine Tonleitern bis in den Laden hörten, erkundigten sich scheinheilig: „Macht er schon Fortschritte?" Darauf meine Mutter stolz: „Ja. Er kann schon Ännchen von Tharau spielen."

Ännchen von Tharau, wer immer das gewesen sein mag, beendete dann sehr bald meine hoffnungslose Künstler-Zukunft.

Es war ein besonderer Festtag, Großmutter wurde 65. Omas ganze Ostpreußensippe saß erwartungsvoll um die Kaffeetafel, als mich meine Mutter mit dem Schifferklavier reinschob. Ich stümperte das Lied herunter, alle klatschten pflichtschuldigst. Ännchen von Tharau auf dem Akkordeon – es muß entsetzlich geklungen haben. Und selbst meine Mutter sah ein, daß diese Vorstellung doch etwas peinlich war.

Ich kann nicht unbedingt behaupten, daß ich absichtlich falsch gespielt hätte. Doch fortan unterblieben die Hausbesuche von Stocheisen-Müller. Das Schifferklavier wanderte zur verstaubten Geige auf den Kleiderschrank. Es gab wohl außer meiner Mutter keinen in der Familie, der Ännchen von Tharau nicht dankbar gewesen wäre.

Katze Berns und Boß Rahn

Daß sie ein Mädchen war, wurde uns beim Pöhlen erst immer wieder klar, wenn sie mal mußte. Während wir Jungs einfach den Stall aufmachten und uns an die Mauer stellten, ging sie hintern Busch „int Hücksken". Doch sonst war an Käthchen Berns ein Junge verlorengegangen. Mädchenspiele wie Hinkeln und Seilchenspringen zählten für sie nicht. Fußball war ihr junges Leben!

Käthe haßte nur noch eins mehr als ihren Namen: Nicht als Junge geboren zu sein. Sie nannte sich selbst Katja. Doch noch lieber hörte sie, wenn wir sie Katze riefen.

Den Namen hatte sie sich durch ihre Geschmeidigkeit erworben. Sie war drahtig und schnell, hatte einen strammen Rechtsschuß. Technisch war sie der beste Fußballer „inne Straße".

Sie mußte es vom Vater haben, der bei den Alten Herren noch einen gepflegten Ball spielte. „Locke" Berns war vor dem Krieg ein bekannter Rechtsaußen, ein starker Dribbler wie seine einzige Tochter, die auch er lieber als Jungen gesehen hätte.

„Locke" hieß eigentlich Theo. Doch als ihm schon

in frühen Jahren die Haare ausfielen, hatte er den Namen weg. „Locke" riefen auch wir Kinder hinter ihm her. Doch der Mann, der oben blank war, es dafür aber im Nacken lang und strähnig wachsen ließ, nahm es nicht krumm. Er hatte ein Herz für Kinder.

Theo Berns war nie an der Front gewesen. Sein Beruf hatte ihn davor bewahrt, eingezogen zu werden. Als Chemiker wurde er in der Rüstungs-Industrie gebraucht. Berns war deshalb auch besonders bevorzugt behandelt worden, als es um die Vergabe der schönen Wohnungen in den Allbau-Häusern unten in der Straße ging.

Während der Kriegsjahre half Theo oft bei uns mit, als einziger Mann in einem Weiberbetrieb. Einen Chemiker brauchten wir zum Wurstmachen zwar nicht, aber ein Elektriker war ja immer vonnöten, wenn man sich mit Notstrom behelfen mußte. Und Theo verstand auch was von „Trafos und Kabels."

Nach der Rückkehr aus der Gefangenschaft freundete sich mein Vater mit Mutters Helfer in der Not an. Die beiden kegelten gemeinsam im Saalbau Timmermanns, im Volksmund „Zum Feuchten" genannt. Da war Berns auch außerhalb der Kegelabende Stammgast. Er spuckte nie ins Glas. Deshalb hätte mich das Folgende eigentlich nicht überraschen dürfen.

Als ich mal bei Katja oben war, mußte ich zur Toilette. Die Berns hatten ein Badezimmer, was für die meisten Leute bei uns in der Straße mit den alten Gründerzeit-Häusern der reinste Luxus war. Als ich die Badezimmertür aufmachte, riß ich vor Staunen die Augen weit auf. Die ganze Badewanne war voll mit Reagenzgläsern, Schläuchen und Rohren. „Mann, wat is dattan?" rief ich ganz laut. Katja kam sofort angeflitzt: „Pst, nix sagen. Papa brennt Schnaps."

Nix sagen war gut. Außer mir wußten ja wohl alle, daß Locke einen guten Tropfen brannte. Chemiker Berns galt in der miesen Zeit als der beste Spritkocher weit und breit.

Doch zurück zu Tochter Berns und ihrer Fußball-

Leidenschaft. Kaum war sie aus der Schule raus, da lungerte sie schon wieder auf der Straße rum. Immer war sie auf der Suche nach Jungs, mit denen sie pöhlen konnte. Fand sie keinen, klingelte sie bei uns. Friedchen mußte sie dann meist vertrösten: „Der is noch am Schulla machen." Doch Katja hatte als einziges Kind aus meinem Freundeskreis bei Friedchen einen Stein im Brett. Sie holte sie in ihre Küche und bot ihr sogar was zu essen an. „Willze ne Knifte?" Ein Brot, dick mit Leberwurst bestrichen, kein Kind schlug damals so ein Angebot aus. Katja bedankte sich danach bei Friedchen immer artig mit Handschlag. Das Erstaunliche dabei: Sie machte nie einen Knicks wie ein Mädchen, sondern einen Diener wie ein Junge.

Doch mit fortschreitendem Alter konnte weder ein Diener noch ihr kurzer Jungen-Haarschnitt vertuschen, daß sie ein Mädchen war. Die Kleine bekam recht früh einen Busen.

Für uns Jungs inne Straße spielte das weiter keine Rolle. Aber wir machten ja auch Straßenspiele. Und besonders die „Paselacken vonne Pappschachtel", einer miesen Behelfssiedlung mit Holzbaracken, griffen dann zur taktischen Kriegsführung. Sie nahmen sich unseren Rechtsaußen zur Brust – im wahrsten Sinne des Wortes. „Laß ma anne Möpse packen!" Katja blieb die Antwort nie schuldig. „Pfoten weg, sonst krissen Tritt inne Eier."

Bei allem Theater um die Schickse in unserer Truppe – auf Katze wollten und konnten wir nicht verzichten. Ohne unseren besten Stürmer hätten wir bei Straßenspielen gleich einpacken können. Erst als die meisten von uns richtig „innen Verein" gingen, kam die schlimme Zeit für Käthchen, denn Damenfußball gab es ja noch nicht.

Deshalb meldete sie sich im Schwimmverein an. Da wurde sie im Brustschwimmen eine lokale Größe. Im Fußball hätte sie es wohl zu was ganz Großem bringen können. Wenn da nicht ihr kleiner „Geburtsfehler" gewesen wäre.

Mein eigenes Talent reichte übrigens nur zum Pöhlen auf der Straße. Ich wurde ein fanatischer Fußball-Anhänger (Fans nannte man das ja damals noch nicht). Einer von Hunderttausenden an der Ruhr, für die Fußball in einer so miesen Zeit die einzige Ablenkung war.

Zuerst ging ich zum TuS bei uns um die Ecke. Auf lau versuchten wir da reinzukommen und immer auf die gleiche Masche: „Onkel, nimmze mich mit?" Denn mein Vater ging ja nie mit mir zum Platz, er hielt überhaupt nichts von Fußball. Und trotzdem war der TuS der einzige Klub, für den er sich interessierte. Er wußte immer auf die Minute genau, wann da gespielt wurde. Vor allem aber, wann das Spiel zu Ende war. Dann baute er sich vor unserer Haustür auf, wollte einfach verhindern, daß die „mit Hochdruck auffe Blase" unsere Toreinfahrt zum öffentlichen Pissoir machten.

Wenn wir besseren Fußball als den vom TuS sehen wollten, mußten wir ordentlich tippeln. Zum Katernberger Lindenbruch beispielsweise, in Fußballkreisen nur „Monte Caterno" genannt, wo damals die Sportfreunde den ganz großen Klubs wie Schalke und Borussia Dortmund das Leben sauer machten. Die Penting, Pelka, Pisarski, der Otto Majewski und Mieze Myloszik waren meine Helden. Und für kurze Zeit stürmte da auch ein junger Mann, der mal der Held der Nation werden sollte. Köttel Rahn, später Boß genannt, 1954 Weltmeister und zweifacher Torschütze im Finale von Bern.

Der Boß – er hatte auch mal auffe Straße in Altenessen mittet pöhlen angefangen. Genau wie Katze und ich...

Tränen um Borussia

Fußball damals, Fußball heute – in schönen bunten Bildern wird er uns frei Haus geliefert. Der Farbfernseher, mit dem per Kabel bis zu 20 Programme empfangen werden können, ist der Mittelpunkt des Wohnzimmers. So wie es in meiner Kindheit das Radio war, oder mit beginnendem Wirtschaftswunder die Musiktruhe, das damalige Statussymbol.

Unser Radio stand natürlich auch in der guten Stube, was häufig genug Ärger gab, vor allem am Wochenende. Denn wenn meine Eltern Besuch hatten, blieb der Kasten aus. Ich mußte dann zusehen, wo ich meine Fußballübertragungen hören konnte.

Meist ging ich zu Onkel Max, der ja ähnlich fußballverrückt war wie ich. Das Problem: Maxens Kasten aus den Kindertagen des Dampfradios hatte so seine Mucken. Denn immer dann, wenn es spannend wurde, schwand der Sender, gab es Wellensalat. „Werd ich wohl morgen dem alten Rabastel auf den Müll werfen," sagte Max dann ganz ärgerlich in seinem spaßigen Ostpreußisch. Er hat's nicht getan. Als wir nach seinem Tod seine Wohnung auflösten, wanderte auch der Volksempfänger mit den wenigen anderen

Habseligkeiten von Max zum Klüngelskerl. Schade eigentlich, weil gerade mit dem alten Bakalitkasten für mich so schöne Erinnerungen verbunden waren.

Bei Max hörte ich neben Fußball auch die Reportagen der großen Boxkämpfe. Hein ten Hoff gegen Jersey Joe Walcott zum Beispiel. Oder ten Hoff, Meister aus Hamburg, gegen seinen aufstrebenden Herausforderer aus Dortmund. Heinz Neuhaus hieß der untersetzte Blondschopf, der Meister und Europameister wurde, einmal aber von dem ebenholzfarbenen Kubaner Nino Valdez fürchterlich Dresche bezog.

Boxkämpfe und große Fußballspiele gab's eine Woche später immer im Kino. „Fox Tönende Wochenschau" oder „Blick in die Welt" arbeiteten die Sportereignisse in Ausschnitten nochmal richtig reißerisch auf. Die Zuschauer wurden mit einbezogen, Menschen in Jubel und Jammer – der Sport war ja in Notzeiten immer das beste Ventil, um sich abzureagieren.

Ich jedenfalls kroch bei Sport-Sendungen fast ins Radio hinein. Die Übertragungskünste von Reportern wie Kurt Brumme fürs Boxen und Herbert Zimmermann für Fußball sind wohl bis heute unerreicht. Einmal habe ich vor dem Radio sogar geheult. Aus Wut und Enttäuschung über ein heißes Spiel – in jeder Beziehung.

Der 10. Juli 1949: Endspiel um die Deutsche Meisterschaft zwischen Borussia Dortmund und dem VfR Mannheim. Fast 100 000 sind im Stuttgarter Neckarstadion. Die Luft flimmert vor Hitze. Dortmund führt durch Herbert Erdmann zweimal. Erich Schanko verliert vier Zähne, Max Michallek spielt minutenlang auf Socken, Bubi Rau hält in der Verlängerung einen Elfer. Borussia verliert trotzdem 2:3.

Viel, viel später habe ich als Journalist Michallek, Schanko, Bubi Rau kennengelernt. Liebenswerte Durchschnittsbürger aus dem Pott, die von ihren Erinnerungen lebten und die nur noch wenig gemein hatten mit den Helden meiner Kindheit.

Als ich diese Geschichte schreiben wollte, waren

Michallek und Rau schon tot. Darum rief ich den berühmtesten Borussen der damaligen Zeit an – Ady Preißler. Denn Ady, mittlerweile 68, war damals ein großer Spielmacher und ist heute noch ein großer Geschichten-Erzähler.

Preißler über das Sockenspiel: „Der Max hatte sich beim Tischtennis eine Fersenprellung zugezogen. Bei der irren Hitze und den Strapazen des Spiels tat Max der Fuß so weh, daß er den Schuh auszog und minutenlang auf Socken rumrannte. Erst als er auch noch ohne Schuh schoß, unterbrach der Schiri. Max mußte unter Schmerzen den Schuh wieder anziehen."

Ady über Schankos Zähne: „Ich hatte nicht mitgekriegt, daß einer dem Erich eins mit dem Ellenbogen verpaßt hatte. Plötzlich macht Schanko mit geschlossenem Mund so nuschelnde Laute. „Was is? Erich, sag doch was!" Da macht er den Mund auf und spuckt seine komplette obere Zahnreihe in die Hand."

Aufklärung aus erster Hand also! Genau vierzig Jahre, nachdem ich um dieses Spiel bittere Tränen vergossen hatte.

Die Reibe und die Pfeffer

In unserer Straße ging's immer recht deftig zu. Bei uns zu Hause war es dagegen prüder. Aufklärung? Meine Eltern scheuten sich, genau wie die meisten Eltern damals, mal richtig mit mir über das gewisse Thema zu sprechen. Und auf diesbezügliche Fragen meinerseits hörten sie weg, stellten sie die Ohren total auf Durchzug.

Meine Oma heuchelte Frömmigkeit, sprach von Sünde und Verderbtheit in der Welt. In der Schule erzählten sie uns zwar nicht gerade was von Bienen und Blütenstaub. Doch sie redeten ganz schön um den heißen Brei herum. Unser Friedchen aber war ruckzuck damit fertig: „Geh mich wech damit – allet Sauerei!"

Was blieb da anderes übrig, als mir draußen Anschauungs-Unterricht zu holen. Mein erstes „Aufklärungsbuch" war vom Wossi. Ein großer schwarzer Leinenband mit weiblichen Akten auf Glanzpapier, den Wossis Alter mit anderen Büchern aus einer Haushalts-Auflösung hatte. Sauberer Sex der Nazizeit, blonde Germaninnen in neckischen Posen in freier Natur. Aber mit allem Drum und Dran, auch untenrum.

„Leih ich dich ma, kannze dich ein zupfen," hatte

Wossi gesagt. Ich hatte das Buch zwei Tage bei mir unter der Matratze versteckt, bevor ich es aus Angst vorm Ertapptwerden zurückgab.

Das war mein Kurzstudium der weiblichen Anatomie. In dieser Deutlichkeit hatte ich das noch nie gesehen. Eine besonders Schöne hatte ich übrigens rausgerissen, ohne daß der Wossi was merkte.

Aber sonst spielte sich für mich mit Mädchen damals noch nicht viel ab. Es war für uns halbwüchsige Burschen eine schwere Zeit. Die Mädchen waren uns um Längen voraus. Und dann waren wir ja auch noch „auffet Gymnasium".

Der Gernot Penner, den sie auf der Schule nur Professor nannten, war noch mehr als ich Zielscheibe des Spotts. Bei den Jungs, weil er so unsportlich war. Bei den Mädchen, weil er in seiner Lederhose aber auch wirklich zu komisch aussah.

Sicher sprach auch der Neid mit, von den Eltern übertragen. Arbeiterkinder gingen ja damals kaum zur höheren Schule. Das Schulgeld war dran schuld, in manchen Fällen auch so eine Art Klassenkampf-Mentalität. Und die Schicksen behandelten uns „vonne Penne" gerade so, als seien wir geschlechtlos oder andersrum.

Sie kicherten hinter uns her, sie machten uns mit Spitznamen und Spottversen an – immer recht eindeutig. „Schlappschwänze, Tintenpisser, Windeier!" Einmal hänselten sie Gernot und mich: „Ihr Neunmalklugen – wir machent auch auf lateinisch."

Und Gernot mußte sich den Holzhammer-Reim anhören: „Der Penner, der hat große Not, weil ihm keine ein' runterholt."

Irgendwie wollten sie da wohl Abhilfe schaffen. Gleich drei Mädchen fielen einmal über den Professor her. Er wollte sich losreißen und wegrennen. Doch sie hielten ihn fest, griffen ihm durch die weiten Hosenbeine seiner kurzen Lederhose sogar zwischen die Beine. Danach dichteten sie ein neues Spottlied auf den armen Gernot: „Der Gernot pennt, der Gernot rennt. Der

Gernot, der ist impotent." Von Stund an zog der Professor nie mehr die Lederhosen an.

Für zwei von den Mädchen, die beim Anschlag auf Gernot beteiligt waren, waren das noch Kinderspiele. Doch bald ging's bei denen richtig zur Sache. Wir waren ihnen endgültig zu doof, sie wandten sich älteren Jungs zu. Roswitha Reibholz, genannt die Reibe, und die kleine Birgit Pfeiffer sorgten noch oft für Klatsch und Tratsch in unserer Straße.

Die Reibe war die heißeste Mieze weit und breit. Die Tochter vom Schuster trug mit 16 schon hochhackige Pumps, malte sich an wie Winnetou, wenn sie abends auf den Kriegspfad zog und ging dann glatt für 19 durch. Was die „Sitte" nicht abhielt, sie bei Razzien nach ihren Papieren zu fragen. Da passierte es dann nicht nur einmal, daß sie mit der Grünen Minna abtransportiert wurde und Schuster Reibholz sein mißratenes Töchterchen wieder raushauen mußte.

Einen Auftritt der Reibe habe ich mal „live" mitbekommen, als ich spätabends von einem Verwandten-Besuch kam.

Razzia im Saalbau Timmermanns. Als eine der ersten schoben sie die zeternde Roswitha raus. Als sie hinten auf die Grüne Minna steigen sollte, wehrte sie sich mit Händen und Füßen und mit Beschimpfungen. „Fottfinger wech, du geilen Bock. Ich bin noch unschuldich." Darauf der Tschako, der sie anscheinend nicht das erste Mal aufgelesen hatte: „Jungfrau Reibholz! Da könntich mich doch glatt beömmeln."

Unschuldig war die Reibe damals wohl wirklich nicht mehr, doch rotzfrech war sie und ordinär. Dabei ging sie sogar auf die Mittelschule. Aber privat war sie kaum zu bändigen, schon gar nicht vom liebwerten Vater Schuster.

Genau wie die Birgit. An die erinnere ich mich besonders gut aus der Kleinmädchenzeit. Die Pfeiffer, wegen ihres Temperaments Pfeffer genannt, war mal ein Jahr mit mir in einer Klasse auf der Volksschule, bevor ich zur Penne wechselte. Ein zierliches, hübsches

Mädchen mit Grübchen und Zöpfchen. Aber mit den Zöpfen fielen auch die Hemmungen.

Die Reibe und die Pfeffer schleppten eine miese Clique in unsere Straße. Großfressige Stenze, immer schick in Schale, immer auf Randale aus. Wir hielten uns stickum zurück, wir wollten ja nicht unbedingt den Frack voll.

Mein Vater hat die ganze Blase oft aus unserer Toreinfahrt rausgeschmissen, wenn sie sich dort mit der Reibe rumdrückten. Nichts gegen ein bißchen Knutschen! Doch morgens sah es dort immer ganz schlimm aus. Jede Menge Kippen und leere Flaschen – einmal hatten sie sogar einen Pariser über die Haustürklinke gezogen. Da hörte für meinen Vater der Spaß dann auf.

Für die Pfeffer wurde aus Spaß bald bitterer Ernst. Es ging wie ein Lauffeuer durch die Straße: „Die krichten Kind!" Und dann das Getratsche im Laden: „Wissense schonn? Erst 16, abber schonnen Braten inne Röhre."

Der Vater in spe war Hilfsarbeiter bei den Eisenwerken, eine Stelle hatte er wenigstens. Doch das Theater begann gleich nach der Geburt der kleinen Stefanie. Immer häufiger ging der junge Vater mit seinen Schlirchen auf Streife. Immer häufiger machte er auf der Arbeit blau. Dauerte nicht lange, da saß er auf der Straße. Als er auch noch im Suff die Birgit verprügelte, ging die junge Ehe schnell in die Brüche.

Plötzlich machten alle auf Mitleid, die sich vorher das Maul zerrissen hatten: „Kleine Steffi, aamet Ding. Wat soll blooß ausse werden?"

Die alten Pfeiffer, recht nette und ordentliche Leute, zogen bald mit Tochter und Enkeltochter weg. Sie konnten den Klatsch nicht länger ertragen. Roswitha Reibholz aber heiratete später ganz ehrbar, bekam drei Kinder und ist schon lange Oma.

Ummet mitten Spruch ausse Straße zu sagen: Die Reibe war ehmt auf Scheibe!

Pfarrer Boxer oder das Fleisch ist schwach

Das Thema eins wurde mehr und mehr auch zum Thema eins unter uns Kindern „bei uns inne Straße". Von den Doktor-Spielen des Kleinkinder-Alters bis hin zu den Zoten unter uns Halbwüchsigen – da war immer das schlechte Gewissen mit im Spiel. Irgendwie war „dat ja wat Versautet".

Richtig gesprochen hat über den „kleinen Unterschied" zwischen Mann und Frau erst Pfarrer Körner. Es war im Konfirmanden-Unterricht, Sexualkunde mit dem Holzhammer.

Daß ich überhaupt zu Körner kam, hatte eine Vorgeschichte. Ursprünglich war ich als Katechumene bei Pfarrer Ludwig, einem alten, verknöcherten Männeken. Ich hatte auf der Penne jede zweite Wochen nachmittags Sport und kam ein paarmal zu spät zum Pfarr-Unterricht. Ludwig pfiff mich zweimal an – fortan pfiff ich auf seine zehn Gebote.

Ein Jahr verstrich. Keiner bei uns zu Hause bekam so richtig mit, daß ich bei Ludwig schwänzte. Bis Pfarrer Körner, der zweite Geistliche unserer Gemeinde, meinen Vater in der Kneipe traf. „Heinrich, du Gottloser. Willst du, daß auch dein Sohn der lutherisch-reformierten Kirche verlorengeht?“ Meinem Vater, der nie zur Kirche ging und den Pfarrer nur von gemeinsamem Thekenstehen duzte, war das eigentlich egal. Doch tags darauf sagte er zu mir: „Der Körner will dich konfirmieren, geh mal hin.“

Pfarrer Körner – ein ganz besonderer Fall. Der Ur-Westfale aus dem Sauerland war nach Kriegsende an unsere Kirche versetzt worden. Er war beliebt und verhaßt – je nach Betrachtungsweise. Körner, damals so Ende Vierzig, war ein Schwergewicht mit wallendem, schon eisgrauem Haupthaar und buschigen, schwarzen Augenbrauen. Im Talar sah er aus wie Gottvater persönlich.

Körner posaunte seine Predigten raus mit rrrrollendem r. Und wenn er lachte, dann war es so laut wie eine Tonne Koks auf der Rutsche. Er war ein Urviech in jeder Beziehung. Mit einem großen Vorbild: Dem großen Reformator. Wie Martin Luther aß und trank er mit Leidenschaft. Und auch der dritten Lebensfreude war er nicht abhold. Als ich damals auch ab und zu privat zu ihm zum Unterricht ging, um das Versäumte nachzuholen, war seine verhuschelte Frau mal wieder schwanger. Noch vor meiner Konfirmation war Körner zum siebtenmal Vater geworden.

Sieben Kinder und dieser gewaltige Mann – da waren reichlich Mäuler zu stopfen. Meine Mutter beließ es für meine Privatbesuche bei Körner da natürlich auch nicht bei einem „Vergelt's Gott!“

Zu der Zeit passierte dann das, was Körner seinen Kampfnamen und fast eine Versetzung einbrachte. Es war bei einem seiner regelmäßigen Kneipenbesuche. Er stand vorne an der Theke, als hinten auf der Tanzfläche die Schlägerei losging. Körner schaute erst nur neugierig rein. Dann griff er selbst ein, weil er eins seiner Schäflein raushauen mußte. Als die Grüne Minna kam, hatte Körner das bißchen schon erledigt. Zum Nachspiel kam es nur, weil auch des Pfarrers Personalien aufgenommen worden waren und ja irgendwer für den Sachschaden aufkommen mußte. Körners Spitzname danach: Pfarrer Boxer.

Doch nicht nur wegen Faustrecht, auch wegen seiner lockeren Sprüche gab es mehrfach Verwarnungen für ihn durch die Kirche, seinen Arbeitgeber. Einmal hatte er zwei Jugendliche von der Kanzel angeschnauzt: „Ich hab euch beide auf dem Friedhof knutschen sehen. Das dürft ihr. Aber nicht mehr. Zum Vögeln seid ihr noch viel zu jung." Der ganzen Gemeinde blieb danach das Amen im Halse stecken.

Trotzdem oder gerade deswegen: Bei Ludwig war die Kirche leer, bei Körner standen die Gläubigen. Es war ja auch zu spannend: Nie war man sicher, ob ihm nicht wieder „sonn Dingen" rausrutschte.

Zum Konfirmanden-Unterricht ging ich jetzt mit Begeisterung. Im Aufklärungs-Unterricht mußten bei Körner auch nicht mehr die Bienen herhalten, er nahm nie ein Blatt vor den Mund.

Und dann meine Konfirmation selbst. Beim Abendmahl zischte er meinem Nachbarn zu: „Halt, nicht so einen großen Schluck! Zu saufen gibt's bei euch heute doch wohl genug."

Danach wuchtete er seinen Riesenkörper bei der Predigt über die Bibel, daß man Angst haben mußte, er würde mit der ganzen Kanzel runterkrachen. Ich weiß nicht mehr so genau, was das Thema seiner Predigt bei meiner Konfirmation war. Aber Luther war mit im Spiel. Und seinen Lieblingssatz benutzte er auch: „Tuet Buße, Kinder. Das Fleisch ist ja sooo schwach!"

Wem sagte er das? Alle wußten es ja: Körner war doch selbst ein großer Kindermacher!

Und danach ging's bergab!

Ich bin fast am Ende. Und ich habe überhaupt noch nichts über meinen Vater erzählt. Nur am Rande der Geschichten tauchte er auf. So war es auch in meiner Kindheit.

Im Krieg, wenn er mal auf Urlaub kam, war er für mich wie ein Onkel. Er brachte mir Spielzeug aus Frankreich mit. Aber Spielzeug brachte ihn mir nicht näher. Einmal bekam ich von ihm bei einem Heimaturlaub eine anständige Abreibung. Ich hatte die Stecker von Heizöfchen und Radio zusammengekoppelt, unser fast neues Radio schmorte durch. „Der braucht nicht mehr wiederzukommen," sagte ich ganz verbittert, als mein Vater zurück nach Frankreich ging.

Er kam wieder nach langer Gefangenschaft und blieb doch draußen vor der Tür. Der Krieg, die fünf Jahre in Paris hatten ihn total verändert. Das sagte mir meine Mutter später, als er tot war. Das sagte auch meine Oma. Sie und ihr Schwiegersohn hatten nie das beste Verhältnis.

Nach dem Krieg war er immer sehr einsilbig. Er vergrub sich in Romanen der leichten Sorte, wie man sie damals an der Trinkhalle als Bücher leihen oder als

Groschenhefte kaufen konnte. Nur wenn er von Frankreich erzählte – da blühte er auf.

Die deutsche Besatzungszeit in Paris, das waren seine schönen Jahre. Er schwärmte von den Lavals, wo er wie ein Kind im Hause war. Denn eine richtige Kindheit hatte mein Vater zu Hause in Oldenburg als eins von neun Kindern nicht genossen. Sein Vater hatte ihn schon als kleinen Jungen einem Metzger in die Lehre versprochen, als der ihn aus einem Teich gezogen und so vor dem Ertrinken gerettet hatte. Den Metzgerberuf hatte er nie mit Überzeugung ausgeübt. Schon als junger Mann hatte mein Vater sein Elternhaus verlassen, war ins Ruhrgebiet gezogen.

Pierre Laval, der kinderlose Weinhändler, nahm ihn über die Kriegsjahre wie einen Sohn bei sich auf. Und selbst nachdem der alte Laval nach Kriegsende als Kollaborateur angeklagt worden war, riß der Kontakt zu „seinem Henri" nicht ab. Laval schrieb noch einige Jahre, schickte in der schlechten Zeit auch Pakete. Komisch, daß mein Vater nie wieder nach Paris gefahren ist.

War es die Frau, die ihn daran hinderte? Oder meine Mutter, die nicht wollte, daß er sie wiedersah?

Neben den Briefen des alten Laval kamen auch noch Briefe mit einem anderen Absender aus Frankreich. Ich weiß es so genau, weil ich immer ganz heiß auf die Briefmarken war. Doch mein Vater noch später meine Mutter haben jemals über die Geliebte gesprochen, die er in Frankreich hatte. Nur Oma...

Vater war ein gutaussehender Mann, der auf Frauen wirkte. Einmal sind wir uns fast bei einer in die Quere gekommen. Ein Generationskonflikt! Er, der das Altwerden bekämpfte und beweisen wollte, daß er auch auf junge Frauen noch wirkte. Ich, der Junge, der plötzlich zum Mann wurde.

Das Mädchen hieß Isolde oder kurz Iso. Sie war Anfang 20, als sie als zweites Hausmädchen zu uns kam, ein hübsches Ding mit dunklem Teint und schwarzen Locken. Beim Lachen zeigte sie ihre strahlend weißen

Zähne. Iso war ein Sonnenschein!

Sie lachte immer, das totale Kontrastprogramm zum mürrischen Friedchen. Das einzige, was an ihr störte: Sie sächselte fürchterlich, sie hatte ja gerade erst „niebergemacht" aus Bernburg an der Saale.

Eine Kundin hatte sie uns empfohlen. Sie blieb nur gut ein Jahr bei uns, ehe meine Mutter ihr kündigte, angeblich wegen Unzuverlässigkeit.

Doch in der kurzen Zeit hatte die Hübsche unser Haus und die halbe Straße durcheinandergewirbelt. Eine eifersüchtige Nachbarin hatte ihr sogar mal eines Abends aufgelauert und Pfeffer in die Augen geblasen. Weil Iso ja allen Männern schöne Augen machte...

„Dat schaafe Aas macht jeden Kerl meschugge," sagte Friedchen. Auch mit einem Seitenhieb auf meinen Vater. Mich nahm sie als „Kerl" noch nicht für voll.

Ich erinnere mich genau an den heißen Sommertag. Wie könnte ich ihn vergessen!

Ich hatte inzwischen mein Zimmer unterm Dach, in dem früher Onkel Max gewohnt hatte. Ich war völlig kaputt aus der Schule gekommen, rekelte mich auf dem Bett, als Iso klopfte und reinkam. Sie war noch brauner als sonst, vom Sonnenbaden an der Ruhr und am Baggerloch. Der Kontrast dazu: Ihre weißen Zähne. Die weißen Söckchen. Der weiße Kittel. Und fast nichts darunter.

Sie wollte wie jeden Tag bei mir aufräumen. „Geh runter vom Bett, ich muß es machen," sagte sie zu mir. Ich blieb liegen. Sie wollte mich runterzerren. Wir rangelten albern miteinander. Ich spürte ihren Körper. Und plötzlich ihren Kuß.

Unser heimliches Verhältnis dauerte ein paar Wochen. Iso wohnte ja auch oben unterm Dach, die Tür gleich nebenan.

Ich war plötzlich kein Kind mehr. Keiner hatte es bei uns bemerkt. Schon gar nicht meine Mutter. Sie übersah es in ihrer Eifersucht, weil Iso ja auch mit meinem Vater schäkerte. Deshalb die schnelle Kündigung.

Ich trauerte Iso keine Träne nach. Sie hatte mich zwar wachgeküßt, doch es gab ja noch reichlich Schöne im Lande.

Meine Mutter aber verzweifelte. Sie konnte einfach nicht fassen, warum es mit mir in der Schule so steil bergab ging. Ich bekam Nachhilfestunde um Nachhilfestunde, Braten auf Braten ging für meine vielen Privatlehrer über die Theke. Nichts half, ich hatte nur noch Schicksen im Kopf.

Mensch, Meyer! Ich war ja mit einem Schlag sooo erwachsen geworden!

Worterklärung

Allet nette Leute bei uns inne Straße:

pöhlen: Fußball spielen, vor allem auf der Straße
bor: Typischer Ausdruck im Ruhrgebiet, um Erstaunen auszudrücken oder auch nur Aufmerksamkeit zu erregen. Meist noch durch eh oder ej verstärkt: Bor, eh!
Krakowiaks, Krakusen: Allgemein für Ausländer, Polen aus Krakau (Schimpfwort)
Paselacken: Proleten (Schimpfwort)
Kohldampf: Hunger

Fettaugen und Kälberzähne:

Pannemann: Von panne. Dummer Mensch. „Der is ja panne."
Henkelmann: Emaillierter Metalltopf zum Mitnehmen von Essen zur Arbeit. Dort wurde der Henkelmann in einen Kochtopf mit Wasser gestellt und auf einem Herd wieder warmgemacht
Schicht: Arbeit. Zur Schicht gehen, auf Schicht gehen. Schicht machen = Feierabend machen.
dröge: trocken (westfälisch)
Kanten: Brot, Endstück vom Brot
Schmacht: Hunger, Verlangen
P 4: Opel-Typ
Massel: Jiddisch für Glück, auch Gaunersprache
Dalles: Jiddisch für Armut, Unglück
schnorren: Jiddisch erbetteln, schmarotzen
Reibach: Jiddisch (auch Rebbach), Verdienst, Gewinn, auch Gaunersprache
Panhas: Gericht aus Wurstbrühe und Buchweizenmehl, Armeleute-Essen im Ruhrgebiet. In Scheiben geschnitten und paniert in der Pfanne gebraten

Panhas am Schwenkmast: Der Teufel ist los! Das kann bei Razzien sein, bei Schlägereien...
Kumst: Weißkohl eingelegt, Sauerkraut auf ostpreußisch

Die Pärle

Kodderschnauze: Freches Maul, koddrig (frech, unverschämt)
malochen: Hart arbeiten, vor allem im Pütt (Bergbau). Ursprung jiddisch
Zachel: Scharfes Messer
Stahl: Gerät zum Schleifen von Messern, vornehmlich von Metzgern benutzt
Flattermann: Hahn oder Huhn
linsen: scharf hinsehn, gucken
Trulla: dumme Frau oder dummes Mädchen
verknusen: verdrücken, verdauen, ausstehen. Nicht verknusen können gleich nicht ausstehen können
dösig: dumm
Piesepampel: einfältiger Mensch
Lufttrockene: nicht geräucherte Mettwurst
Otzen: Reste
Muckis: Muskeln
Mauken: Füße
abpuckeln: Besser abbuckeln, hart arbeiten
Kroer: Hund
Schrubber: Scheuerbürste mit Stiel
Püttmann: Bergmann
Schickermoos: Geld zum Vertrinken in der Kneipe
Muckefuck: Kaffee-Ersatz

Onkel Max und die Liebe zu Schalke:

Schmachtlappen: verhungerter, dürrer Mensch

auf Schalke: Wer zu Schalke zum Fußball geht, der geht „auf Schalke", genau wie „auf Schicht"

Mockturtle, Schmant unt en Schlach Durchenander:

Stielmus: typisches Ruhrgebiets-Gemüse, bei dem der dünne, harte Stiel mitgekocht wird
Schnibbelbohnen: (auch Schnippelbohnen), kleingeschnittene Bohnen
Schlabberkappes: Weißkohl suppig
Pfefferpotthast: Scharfer, mit heller Sauce gebundener Schweine-oder Kalbsgoulasch mit ganzen Pfefferkörnern (münsterländisch)
Heidesand: Sand-Gebäck, Hauptbestandteil Zucker und Butter
Christ und Kreide: Anschreiben lassen bis zum Lohntag
Auf Latte: anschreiben lassen
Deckel: Deckel machen in der Kneipe. Jedes Pils wird mit einem Strich auf dem Bierdeckel notiert. Den „großen Deckel" hebt der Wirt auf, bis er am Lohntag abgerechnet wird

Kalla und die Kabels:

Klüngelskerl (auch Klüngelspitt): Altwarenhändler, der im Ruhrgebiet mit Pferd und Wagen durch die Straßen fuhr und durch schrille Töne auf einer Blechflöte auf sich aufmerksam machte
„Lumpen, Eisen, Knochen und Papier" – Spruch des Klüngelskerls. Refrain der Kinder: „Ausgehauene Zähne sammeln wir." Knochen wurden in der Nachkriegszeit gesammelt, um die Seifenknappheit zu beheben
Kohlenklau: Ein finsteres Subjekt, vor dem im Krieg und in der Nachkriegszeit auf Plakaten „Der Kohlenklau

geht um“ gewarnt wurde. Ausgerechnet im Ruhrpott war Kohle so rar, daß die frierenden Menschen auf die fahrenden Kohlenzüge sprangen und Kohlen runterschaufelten. Fringsen nannte man das.

Tom Prox und Billy Jenkins: Westernhelden in Groschenheften

piesacken: jemandem wehtun

Schmierlapp: Schmutziger Kerl, auch Schimpfname

Schore: Diebesgut

Die Macke mit dem Pittermesser:

Pittermesser: Kleines Küchenmesser

Mottek: Hammer. Eigentlich Mlotek (polnisch)

dobsche: gut (polnisch)

Nackter Sülz: barfuß

Tartar: Reines Rinderhack

Der große Brand:

Brand: Volkstümlicher Ausdruck für Durst

Schabau: Schnaps oder Alkohol schlechthin

Polente: Abfällig für Polizei

Der Tag, an dem Sheriff Kane kam:

Rotzfahne: Taschentuch

sülzen: etwas dick auftragen, auf die Tränendrüsen drücken

Döppen: Augen. Dicke Döppen – vom Heulen oder nach einer durchzechten Nacht

Die Blaue und die Bank:

Köttelbecke: Abwässserkanal, typisch im Ruhrgebiet, teilweise auch oberirdisch
Schickse: Mädchen, leicht abwertend. Aber nicht unbedingt leichtes Mädchen. Auch kleine Mädchen, die auf der Straße spielen (jiddisch)
Tacken: Groschen, zehn Pfennig. Tacken ist ein Wort, das heute aus der Mode gekommen ist. Wat is en Tacken denn noch wert? Für uns Kinder damals war es d e r Wertbegriff. Fürn Tacken konnte man sich „die Welt kaufen". Salmiak-Pastillen, die in Mustern auf den Handrücken geklebt und dann abgelutscht wurden. Weiter gab's für einen Tacken Brausepulver, Lakritz-Kugeln, Knicker

Ännchen von Tharau:

Remmidemmi: Klamauk, Theater
Stocheisen: Feuerhaken
kolone: wirr, durcheinander

Winston Churchill oder alle meine Hunde:

fudeln: mogeln, falsch spielen

Katze Berns und Boß Rahn:

Hinkeln: Auf dem Bürgersteig werden mit Kreide Felder aufgemalt. Auf einem Bein hüpfend schiebt der Spieler einen flachen Stein oder eine mit Sand gefüllte Schuhwichsdose mit dem Fuß in die Felder.
Schulla machen: Schularbeiten machen

Knifte: Ein beschmiertes oder belegtes Brot
Möpse: abfällig für Busen (Titten)

Tränen um Borussia:

Rabastel: Ostpreußischer Ausdruck für ein Gerät, das nicht richtig funktioniert
Bakalit: Eine frühe Art von Kunststoff

Die Reibe und die Pfeffer:

Tschako: Polizist. Nach dem Helm Tschako genannt
beömmeln: schadenfroh lachen
Schlirch: durchtriebener Typ
Scheibe: Auf Scheibe sein – auf Draht sein

Und danach ging's bergab:

Abreibung: Tracht Prügel
meschugge: verrückt
Baggerloch: Bei der Knappheit an Badeanstalten gingen die Leute zum Baden zu den Baggerlöchern der Kiesgruben, in denen sich das Wasser gesammelt hatte

Inhalt

JÜRGEN MEYER

Samtkragen fürt Härz

Schwaazet aussen Pott

JÜRGEN MEYER

JEZZ bisse am ZUCH

NOCH WAT SCHWAAZET AUSSEN POTT

JÜRGEN
MEYER

geb. 1938 in Essen,

Journalist

Veröffentlichungen:

Samtkragen fürt Härz –
Schwaazet aussen Pott (1988)

Jezz bisse am Zuch –
nochwat Schwaazet aussen Pott (1989)

Ruhrericks (1990)

Zickzack ist keine Richtung (1990)

Die Macker-Fibel (1991)

Wat issen Tacken noch wert? (1991)

Zwolle-Druck Schübel & Hellwig, Datteln

ISBN 3 – 980 20 92 – 3 – 7

3. Auflage